CHILE 2050

UN PAÍS. CUATRO PRESIDENTES

EDICIONES UNIVERSIDAD CATÓLICA DE CHILE
Vicerrectoría de Comunicaciones y Extensión Cultural
Av. Libertador Bernardo O'Higgins 390, Santiago, Chile

editorialedicionesuc@uc.cl
www.ediciones.uc.cl

CHILE 2050
Un país. Cuatro presidentes
Felipe Larraín B. (editor)

Abril 2024
ISBN N° 978-956-14-3262-8
ISBN digital N° 978-956-14-3263-5

Diseño: Dirección de Diseño Corporativo UC
Impresor: Salesianos Impresores
CIP-Pontificia Universidad Católica de Chile

Chile 2050 : un país, cuatro presidentes / Felipe Larraín B. (editor).
1. Chile - Política y gobierno - 1990-.
2. Presidentes - Chile - Opinión pública.
I. Larraín, Felipe, editor.
2024 983.066 + DDC 23 RDA

FELIPE LARRAÍN B. / EDITOR

EDICIONES UC

ÍNDICE

Este libro está dedicado a la memoria del presidente Sebastián Piñera Echeñique (1949-2024).

Agradecemos a los presidentes Eduardo Frei, Ricardo Lagos y Michelle Bachelet, quienes generosamente estuvieron de acuerdo en hacer esta dedicatoria.

PRESENTACIÓN

El ciclo de seminarios presidenciales Chile 2050 desarrollado por el Centro Latinoamericano de Políticas Económicas y Sociales (Clapes UC), da origen a este libro que reúne las visiones de futuro de los últimos cuatro expresidentes de Chile respecto del desarrollo de nuestro país hacia el año 2050.

Históricamente Chile ha sido reconocido por la solidez de su economía, su estabilidad y crecimiento sostenido. Sin embargo, hoy el país tiene por delante importantes desafíos en términos sociales que están estrechamente asociados al desarrollo económico que logremos alcanzar.

Nuestros invitados, los expresidentes Ricardo Lagos Escobar, Sebastián Piñera Echenique, Eduardo Frei Ruiz-Tagle y Michelle Bachelet Jeria, acogen el desafío de pensar Chile en 2050 y, fundados en su experiencia, nos develan su mirada de futuro respecto de los múltiples desafíos que ha de abordar Chile para avanzar hacia un crecimiento sostenido y estable que concilie los aspectos económico, social y ambiental.

Y si bien cada uno impulsó políticas de crecimiento diferentes, matizadas por sus posiciones políticas, no es menos cierto que el genuino interés de todos ellos fue y sigue siendo el desarrollo de Chile y su gente.

Todos coinciden en la trascendental importancia de trazar un horizonte claro y sólido para el futuro de nuestra nación, tanto en lo político, económico, social y cultural.

Salud, educación, cambio climático, crecimiento, modernización del Estado, democracia, y la función del mundo político son solo algunos de los muchos temas tratados, los que a su vez son analizados con gran altura de miras por destacados economistas, exministros, políticos y académicos.

La discusión a la que asistimos tiene la virtud de proponernos nuevas miradas y enfoques sobre el desarrollo económico de nuestro país.

El proceso de construir una mejor sociedad es permanente y en los diálogos que inspiran este libro es posible hallar puntos de encuentro y también las diferencias que nos enriquecen.

El futuro de Chile depende de nuestra capacidad para capitalizar los avances logrados y afrontar con valentía los desafíos pendientes. Cada paso cuenta en la construcción del país que deseamos para las generaciones venideras. Este libro es la invitación que nos hace Clapes UC a pensar Chile en 2050.

IGNACIO SÁNCHEZ D.
Rector Pontificia Universidad Católica de Chile

"Para seguir avanzando, progresar hacia el desarrollo y retomar el liderazgo en la región, es necesario recuperar un crecimiento robusto y sostenido"

FELIPE LARRAÍN B.
Director Clapes UC, profesor titular Economía UC y exministro de Hacienda

Una mirada hacia el Chile del 2050: cómo avanzar hacia un desarrollo sostenible

Una de las facetas más desconocidas de Winston Churchill es que además de primer ministro, líder global y escritor, también fue colaborador ocasional de la revista Mecánica Popular. En esa condición publicó en 1932 un artículo titulado "De aquí a cincuenta años", en donde junto con hacer predicciones osadas en torno al rol que tendrían la energía atómica, la televisión, la radio y la biotecnología, hace una reflexión inicial que parece atingente al introducir el presente libro. Dice: "Asumimos que el progreso será constante" (y que) "si se detuviera o retrocediese, ocurriría una catástrofe de proporciones inimaginables". Pese a ello, agrega, "el género humano ha marchado algunas veces hacia delante y otras veces en dirección de retroceso y en épocas se ha mantenido estático".

En Clapes UC invitamos a cuatro expresidentes de la República a pensar el Chile de los próximos 30 años y debatir cómo podemos lograr que nuestro país no deje de avanzar hacia un destino posible, el del desarrollo, y eludir el riesgo de retroceder o empantanarnos, lo que supondría una catástrofe para los chilenos.

Organizamos estos encuentros con los exmandatarios porque tenemos la convicción de que es posible retomar la senda del desarrollo que recorrimos en forma consistente en buena parte de las últimas décadas y cuyos resultados acreditan múltiples indicadores económicos y sociales.

Hoy, sin embargo, la sensación ambiente es que ese proceso está amagado y que, desde hace una década más o menos, el objetivo del desarrollo, de lograr un nivel de vida como el de Portugal, no solo no se ve más cerca, sino que a ratos parece alejarse.

Por eso, nos insufla optimismo el que los cuatro últimos presidentes de Chile aceptaran el desafío de acudir a nuestra casa a hacer propuestas para que, sin dejar de considerar el pasado reciente, podamos volver a soñar con la anhelada aspiración de ser un país desarrollado.

Soñar lo imposible y sumar fuerzas para hacer posible ese sueño fue la mirada transversal que cruzó sus discursos. Cada uno presentó su visión, describió qué hizo en su administración para ayudar a lograr este macroobjetivo y, con una inmensa generosidad, todos ellos entregaron lo que podría llamarse su nuevo legado para el Chile de 2050.

Imposible no mencionar en este punto la invitación a soñar lo imposible que nos hiciera en su intervención el recientemente fallecido expresidente Sebastián Piñera, con quien tuve el honor de colaborar. Nos dijo que Chile enfrenta enormes desafíos, muchos y muy complejos, pero que detrás de cada uno de ellos lo que realmente hay son enormes oportunidades.

Ese fue el sello, dijo, con que en sus mandatos se enfrentaron las poderosas crisis que le tocó encarar, como el terremoto 2010 o la pandemia de 2020. Crisis poderosas ante las cuales no cabía amilanarse, nos subrayó, porque una de sus convicciones más íntimas es que nunca debemos olvidar que tenemos a nuestro favor "el más poderoso recurso renovable de los seres humanos: la imaginación (...) Si podemos imaginarlo podemos hacerlo", dijo.

Y podemos hacerlo, me atrevo a agregar con miras al Chile 2050, porque contamos además de imaginación, con cimientos que dotan de sentido un esfuerzo de reflexión en esa línea, como son una economía sólida, una democracia robusta y una lucha fecunda para derrotar la pobreza. A lo que se suma que como sociedad en el pasado hemos sabido sobreponernos a la adversidad y hoy podemos contar una historia de estabilidad y crecimiento sostenido que nos posiciona como uno de los países más prósperos de América Latina.

En los últimos 30 años el Producto Interno Bruto (PIB) per cápita (real) se ha casi triplicado, pasando de cerca de US$5.400 en 1990 a más de US$14.000 en 2022. El PIB per cápita a paridad de poder de compra (PPP), en tanto, se ha más que septuplicado, pasando de cerca de US$4.000 a más de US$30.000 en el mismo período, según datos del Banco Mundial.

Así, la tasa de pobreza por ingresos mostró una tendencia sostenida a la baja. Mientras que en 1990 el 38,6% de la población del país se encontraba en situación de pobreza, 30 años después, en 2022, solo un 6,5% estaba en esa condición.

Otros indicadores asociados a dimensiones como salud, educación y seguridad social, también evidenciaron mejoras en este período (1990-2022), lo que para las personas se expresa en cosas tan concretas como que su esperanza de vida al nacer se incrementó en seis años, pasando de 73 a 79 años; su escolaridad promedio aumentó de 9 a 11,7 años; y su índice de acceso a servicios básicos subió de 80,2% a 92,2%.

Sin embargo, esta aproximación al desarrollo se ha visto amenazada en los últimos años tanto por el uso de cartas de navegación que han perdido el norte como porque el país ha vivido en un entorno de mayor incertidumbre, caracterizado por disturbios, el avance del crimen organizado, la violencia y el desarrollo de procesos constitucionales complejos e inciertos. Además, ha habido desequilibrios macroeconómicos que si bien en el pasado, en contextos internacionales aún más adversos, el país sabía superar, hoy han resultado más desafiantes.

Ante este escenario, en Clapes UC nos propusimos generar una instancia de diálogo que nos permitiera seguir honrando nuestra misión de aportar a la generación de políticas públicas de calidad y con proyección de futuro para evitar que Chile se congele en un crecimiento mediocre, se transforme en un país violento e inseguro, y no logre esquivar la trampa del ingreso medio.

Surgió, entonces, la idea de realizar un ciclo de seminarios con los últimos cuatro expresidentes de la República, quienes sin duda tuvieron un rol protagónico en el destino de nuestro país, con las decisiones que tomaron, y que siguen teniendo una responsabilidad por su calado político, su acervo de experiencias y, en el caso de Sebastián Piñera, por su ampliamente reconocido legado.

Fueron convocados los exmandatarios Eduardo Frei (1994-2000), Ricardo Lagos (2000-2006), Michelle Bachelet (2006-2010 y 2014-2018) y Sebastián Piñera (2010-2014 y 2018-2022). Todos aceptaron la invitación y acudieron con la vista puesta en las políticas públicas necesarias para volver a situar al país en la senda del desarrollo y que permitan mejorar de manera sostenida y sostenible la calidad de vida de la población.

Así, por ejemplo, el expresidente Ricardo Lagos -quien inauguró este ciclo de seminarios- nos invitó a ser capaces de establecer tareas concretas que nos permitan dar un paso importante hacia el desarrollo de Chile.

El expresidente Sebastián Piñera, quien protagonizó el segundo encuentro, argumentó que la ecuación que Chile tiene que volver a encontrar es "libertad, equidad y progreso", factores que deben darse en forma simultánea y no aislada, para no generar una catástrofe.

Luego fue el turno del expresidente Eduardo Frei. Para él no existen atajos a la hora de abordar los grandes temas que Chile tiene que enfrentar, ya que el camino es trabajar en forma colaborativa entre los sectores público y privado, con instituciones sólidas y una gran visión de Estado.

Finalmente, la expresidenta Michelle Bachelet puso el acento en la necesidad de repensar el modelo de desarrollo del país, para que este no sea la causa del rezago y vulnerabilidad de los chilenos.

Consenso para enfrentar la incertidumbre

¡Qué razón tienen los presidentes! Chile ha ido perdiendo la potencia de su motor de arranque, a tal punto que en algunos años la sensación de inmovilidad y de pérdida de posiciones, mucho más que una mera sensación, ha pasado a ser una realidad apabullante.

Las cifras de crecimiento han empeorado en forma alarmante en la última década. Entre 1990 y 2013 el PIB real exhibió un crecimiento anual promedio de 5,3%. Sin embargo, entre 2014 y 2023 creció apenas un 1,9% anual, lo que tuvo como corolario que en 2023 Chile estuvo dentro de los tres países de la región que menos crecieron en América Latina después de Argentina y Haití. Y hacia delante no se vislumbra un quiebre de tendencia significativo, ya que para 2024 el país se expandiría, en el mejor de los escenarios, en torno a su magro potencial actual, esto es, entre 1,25%-2,25%, según las estimaciones del Banco Central.

Más aún, revisando la evolución de las distintas cifras que emanan de los documentos oficiales del Banco Central y del Ministerio de Hacienda, se puede constatar que desde fines de 2019 Chile ha estado en medio de una inusual incertidumbre económica, fenómeno que mensualmente medimos en Clapes UC y donde los factores relacionados con el debate político, constitucional y tributario, las decisiones del gobierno y la política en general ocupan un rol preponderante.

Además, es de consenso que esta incertidumbre incide negativamente en la imagen país, porque se integra a una composición donde los otros factores presentes son una economía que no crece, un desempleo que aumenta y una situación fiscal que se deteriora. En 2023 la tasa de desempleo cerró en un 8,5%, sumando trece meses consecutivos de incrementos interanuales, en una economía que está creando muy pocos puestos de trabajo.

En paralelo, el Informe de Finanzas Públicas (IFP) de fines de 2023 evidencia un deterioro del balance fiscal efectivo y estructural en comparación al IFP anterior, principalmente por un aumento del gasto público y una caída de los ingresos fiscales. Así, al principio de 2024 se estimaba que el año 2023 habría cerrado con un déficit estructural equivalente a 2,6% del PIB, dato que sería peor (3,6% del PIB) si se hiciera el ajuste prudencial de los ingresos por litio que propone el Consejo Fiscal Autónomo (CFA).

Por otro lado, hacia delante hay elementos que resultan poco alentadores, como que el crecimiento del gasto compatible con la meta del Balance Cíclicamente Ajustado sea de apenas 0,8% promedio para el período 2025-2028, algo que parece poco creíble dado que el crecimiento real promedio del gasto entre 2009-2019 fue de 4,9% anual. En este escenario, que parece poco realista, la deuda se estabilizaría en torno a 41% del PIB, valor cercano al nivel máximo (45%). Sin embargo, si el gasto crece 4,9% anual (el promedio 2009-2019), y se mantienen los ingresos proyectados por la Dipres, la deuda superaría el nivel prudente de 45% en 2027.

El deterioro en ambos pilares (empleo y fiscal) enciende aún más luces de alarma, sobre todo tras el cambio de perspectiva de la deuda pública chilena desde estable a negativa realizado por la agencia clasificadora Standard & Poor's (S&P) en octubre de 2023.

¿Qué hacer? Para comenzar, abrir instancias de diálogo y trabajo conjunto entre el sector privado y público, donde, sin sentirse con la obligación de aprobar cualquier tipo de reforma, sí exista disposición a avanzar en los cambios que son buenos para el país, es decir, aquellos que promuevan el crecimiento, el empleo y mejoren la calidad de vida de la población. En definitiva, cambios que nos permitan avanzar hacia el desarrollo.

La actual fragmentación política nos está impidiendo acordar las reformas que necesitamos con urgencia. Pensemos, por ejemplo, la cantidad de años consumidos intentando lograr una buena reforma de pensiones o alcanzar un acuerdo para tener un sistema tributario más moderno y eficiente. El expresidente Lagos ilustró este trance enfatizando en su presentación que "estamos en medio de una sociedad muy crispada en la que todos son dueños de la verdad".

"¿Será posible avanzar de una manera clara en torno a un conjunto de factores que dependen de nosotros poder llevar a la práctica?". La pregunta formulada por el propio expresidente Ricardo Lagos tiene un atisbo de respuesta positiva en la disposición con que todos los exmandatarios convocados a nuestro ciclo de seminarios acudieron a presentar al Salón de Honor de la Casa Central de la Universidad Católica.

Crecimiento para derrotar la pobreza

La necesidad de lograr acuerdos y que todos nos subamos al barco del crecimiento es urgente. No por una obsesión que se engolosina con el crecimiento y descuida al ser humano, sino porque en una economía dinámica es donde las personas, especialmente las de menos recursos, alcanzan un mayor bienestar.

Según datos del Banco Mundial, la desigualdad de ingresos en Chile experimentó una notable disminución desde 1990 hasta antes de la pandemia: el coeficiente de Gini se redujo de 0,57 en 1990 a 0,44 en 2017. Posteriormente, la crisis sanitaria tuvo un impacto adverso en la distribución de ingresos, elevando la cifra de desigualdad a 0,45 en 2020. Aunque el organismo no cuenta con estimaciones posteriores a 2020, los resultados de la última encuesta CASEN, correspondiente a 2022, sugieren que la distribución de ingresos en el país ha mejorado, con caídas en el coeficiente de Gini tanto respecto a 2020 como a 2017.

Pero, lamentablemente, las perspectivas para el futuro inmediato no son muy auspiciosas, dada la continua caída en el crecimiento del PIB tendencial. El expresidente Piñera remarcó este punto, señalando que el país no puede acostumbrarse a tener un PIB mediocre, porque "si crecemos al 6% per cápita, que no es poco, estaríamos alcanzando un nivel de ingreso que tiene un país europeo como Portugal al año 2030, o sea, a la vuelta de la esquina. Pero, si crecemos al ritmo que lo estamos haciendo hoy, esa meta la vamos a alcanzar el año 2053".

Por tanto, la gran preocupación de nuestras autoridades económicas hoy debería centrarse en cómo aumentar la productividad y la inversión.

La caída de la productividad e inversión, particularmente desde 2014, son los principales problemas estructurales detrás del menor crecimiento de Chile. La Productividad Total de Factores (PTF) registró contracciones interanuales en todos los años a excepción del 2021. Es decir, para ese período se contrajo interanualmente en ocho de nueve años. Mientras que la inversión registró caídas en cinco de los últimos 10 años. Así, la inversión pasó de crecer en promedio un 8,8% anual entre 1990-2013, a 0,7% promedio interanual entre 2014-2023. Peor aún, Chile es el país OCDE donde más se ha desacelerado la inversión desde 2000.

Modernización del Estado y *permisología*

La inversión no es algo que dependa solo de las buenas intenciones. En los cuatro seminarios protagonizados por los expresidentes hubo consenso en que para que la economía recupere la capacidad de crecer se necesita terminar con las barreras que la están frenando. Aquí, avanzar en la modernización del Estado y en la reducción del creciente aumento de la *permisología* cobran un rol protagónico.

Desde Clapes UC hemos contribuido a este debate, identificando oportunidades específicas de mejor uso de recursos públicos por cerca de un punto del PIB, esto es, unos US$3.000 millones al año en ahorros y reasignaciones.

Asimismo, hemos analizado y difundido el estudio llevado a cabo por la Comisión Nacional de Productividad y Evaluación, titulado "Análisis de permisos sectoriales prioritarios para la inversión en Chile", donde se proporciona evidencia concreta de las trabas burocráticas que hoy nos afectan. Esta investigación identifica 439 procedimientos que inciden directamente en el proceso de inversión y un total de 71 organismos responsables de otorgar 309 permisos que son cruciales para que un proyecto se materialice como inversión. De estos, 63 se catalogan como críticos, dado que tienen el potencial de obstaculizar significativamente su avance.

Se constata que a medida que la complejidad de los permisos aumenta, se observa una prolongación considerable en los plazos de tramitación, llegando a un promedio de 17 meses en el caso de los permisos más complejos, al mismo tiempo que la tasa de rechazo se incrementa al 30%.

El principal problema de esto radica en que, en la mayoría de los casos, los plazos reales de revisión exceden considerablemente el límite máximo establecido por la ley. Por ejemplo, para el período 2008-2022, un permiso de la Dirección General de Aguas para un proyecto de obra hidráulica mayor, cuyo plazo legal es de seis meses, tardó en promedio 49 meses. Esto significa que el plazo efectivo supera en ocho veces el límite legal.

Todo esto plantea la interrogante de si existen incentivos efectivos para invertir en este contexto, ya que es evidente que las crecientes dificultades de aprobación de permisos están obstruyendo el camino para contar con una economía dinámica que nos permita acelerar el paso para alcanzar el desarrollo.

Por eso, la elaboración del proyecto de ley que aspira a hacer más expeditos los permisos sectoriales, presentado por el gobierno en enero de 2024, cuando este libro completaba su edición, es una buena señal en este respecto.

Debemos volver a ser un país atractivo, sin trabas a la inversión y situándonos al lado de las principales economías del mundo, tal como lo logramos en décadas pasadas.

Apertura al mundo

Hay que abrazar la importancia de la globalización para el futuro de Chile, porque ella nos ofrece una oportunidad invaluable para establecer alianzas estratégicas, atraer inversiones y promover el turismo sustentable que ponga en valor la belleza de nuestros paisajes y la riqueza de nuestra cultura.

En esta línea, el expresidente Frei resaltó que "hay una cifra que impresiona: hasta hace un año el 75% de nuestra economía dependía del comercio exterior, y eso no va a cambiar ni en uno, ni en dos, ni en tres o cuatro años más". Y es que el país avanzó significativamente en lo que respecta a su apertura comercial, contando hoy con 33 acuerdos comerciales, que abarcan 65 países.

Desde 1990 el volumen de exportaciones de bienes y servicios se ha más que cuadruplicado. Un 94% de los envíos nacionales llegan a países con los cuales tenemos acuerdos comerciales, donde destaca la reciente entrada en vigor (2023) del CPTPP, cuyos países miembros representan más del 12% del PIB mundial y casi el 15% del comercio planetario, generando para Chile beneficios en 2.930 líneas arancelarias. En inversiones, en tanto, suman alrededor del 34% del stock de inversión extranjera directa en Chile a 2021 y el 31% de las inversiones chilenas en el exterior.

Esta radiografía de la importancia del sector externo para avanzar en la senda del desarrollo de Chile estaría incompleta si no consignamos que China es el destino de cerca del 40% de nuestras exportaciones y que la minería es el más importante rubro, con un peso que supera el 50% de nuestros envíos al exterior.

Desarrollo sostenible

Otra oportunidad que tenemos que saber abordar con urgencia es la de construir un modelo de desarrollo sostenido y sostenible, aprovechando las ventajas que nos entrega la globalización y nuestras propias ventajas internas.

Para la expresidenta Michelle Bachelet "el crecimiento económico ha sido, es y será indispensable para el bienestar de un país y su población, pero no cualquier manera de crecer. Debe ser innovador, sostenible e inclusivo. La productividad, que ha estado estancada en nuestro país, es clave en esta materia, pero también lo son las barreras medioambientales".

En términos de desarrollo sostenible, Chile tiene un papel fundamental que desempeñar. Nuestra riqueza natural y biodiversidad son inigualables, y debemos asumir la responsabilidad de proteger este patrimonio invaluable. El desarrollo sostenible implica encontrar un equilibrio armonioso entre el crecimiento, la inclusión social y la preservación del medioambiente.

Esta oportunidad de liderar la transición hacia un futuro más limpio y consciente del medioambiente tiene elementos concretos que la avalan, como las vastas reservas de litio, que han adquirido un valor estratégico en la producción de baterías y vehículos eléctricos, para teléfonos móviles y baterías de almacenamiento de energía. Este mineral está liderando la nueva economía verde y Chile es el país con las mayores reservas del mundo y el segundo productor después de Australia.

En ese primer lugar en reservas y segundo en producción está justamente la oportunidad que debemos saber tomar (o no desperdiciar). En la década de 2000 teníamos una participación promedio del 40% en la producción mundial de litio y fuimos capaces de liderarla hasta 2015, mientras que Australia se mantenía cerca del 23%. En la década de 2010, sin embargo, la participación de Chile cayó al 30%, mientras que la de Australia aumentó al 44%. Es decir, entre 2015-2021, cuando se comenzó a registrar un fuerte aumento de la demanda y de los precios, la brecha entre ambos países se amplió. Los datos más recientes (2021) indican que Chile tiene una participación del 27,3% en la producción de litio, mientras que la de Australia es del 53,4%. No solo perdimos el primer puesto, sino que mientras discutimos la "Política Nacional del Litio" se siguieron descubriendo yacimientos en otros lugares del mundo y un productor nos duplicó en el mercado.

Esta lección debemos extrapolarla a todo nivel en el plano de la investigación y desarrollo de las energías limpias, y avanzar en constituirnos en un referente global en esta industria.

Es el caso, por ejemplo, del gran potencial del hidrógeno verde, una fuente de energía limpia que solo emite vapor de agua y no deja residuos en el aire, a diferencia del carbón y el petróleo, y que es un tremendo activo para nuestro país. En efecto, Chile cuenta con condiciones naturales excepcionales para generar energías renovables que están a la base del hidrógeno verde: electricidad fotovoltaica y energía solar térmica en el desierto de Atacama, así como energía eólica en la región de Magallanes. Según estimaciones del gobierno chileno, el 13% del hidrógeno verde del mundo podría producirse potencialmente utilizando energía eólica de Magallanes y la porción chilena de la Antártica.

Avanzar en esta línea debe ir acompañado de un trabajo conjunto para implementar políticas y regulaciones que impulsen la eficiencia energética, el uso responsable de los recursos naturales y la reducción de las emisiones de gases de efecto invernadero. Estas acciones no solo nos permitirán proteger el entorno, sino que también abrirán nuevas oportunidades económicas y laborales en los más diversos sectores, no solo los verdes.

Estas oportunidades pasan también por tener una población con una formación adecuada a estos nuevos temas. De hecho, uno de los pilares fundamentales, que también cruzó de manera transversal este ciclo de seminarios, fue la educación. Hubo consenso en que debemos trabajar en mejorar la calidad educativa, asegurando un acceso equitativo y de calidad a todos los niveles.

La educación no es solo una herramienta para el desarrollo individual, sino también para fortalecer el tejido social y erigir una ciudadanía activa y comprometida. Invertir en la formación de nuestros jóvenes es invertir en el futuro de Chile.

En términos educacionales, debemos fomentar la investigación y la colaboración entre instituciones académicas y empresas para impulsar la creación de nuevas soluciones y aplicaciones tecnológicas. Esto nos permitirá mejorar la eficiencia y la productividad en diversos sectores, así como crear oportunidades de empleo y emprendimiento.

Una invitación para alcanzar el desarrollo

Para seguir avanzando, progresar hacia el desarrollo y retomar el liderazgo en la región, es necesario recuperar un crecimiento robusto y sostenido para poder derrotar la pobreza y reducir las desigualdades distributivas.

Pensando, precisamente, en el futuro del país es que dejamos a disposición de ustedes este libro cuyo único propósito es abordar cómo logramos dar el salto al desarrollo con políticas públicas de calidad que permitan mejorar el bienestar de los chilenos.

En cada encuentro, que además de los exmandatarios reunió a destacados expertos, exautoridades y senadores, se demostró que se puede promover la participación transversal y el diálogo constructivo. Debemos fomentar espacios de colaboración, donde todos los sectores de la sociedad tengan la oportunidad de expresar sus preocupaciones y propuestas. Esto nos permitirá construir consensos y encontrar soluciones colectivas a los desafíos que enfrentamos.

En este contexto, es importante pensar en una agenda pro crecimiento que se enfoque en los aspectos económicos, pero no solo en ellos. Debemos orientarnos hacia un desarrollo sostenible e inclusivo, donde seamos capaces de conciliar el crecimiento económico con el bienestar de todos los ciudadanos y la calidad de nuestro entorno.

Mirando en retrospectiva, he llegado a la convicción de que la invitación que hicimos a los expresidentes a soñar el Chile de 2050 incubaba un secreto anhelo. Un anhelo que, tras revisar sus testimonios, eclosiona en un clamor, que no es otro que el de darnos cuenta de una buena vez que son más las cosas que nos unen que las que nos separan. Si somos capaces de actuar con sabiduría y altura de miras, podremos retomar la senda del desarrollo y, por qué no, alcanzar el progreso que merecen los hijos e hijas de este gran país.

“Si no hay crecimiento económico, no hay nada; si no hay inversión, no hay nada; si no hay modernización social y productiva, es muy difícil alcanzar el desarrollo”

EDUARDO FREI R.
Expresidente de la República
(1994-2000)

No hay atajos. Hay que trabajar, tener instituciones, colaboración público-privada y una visión de Estado para los grandes temas que Chile tiene que enfrentar

Hace pocos días le dije al director de Clapes UC, Felipe Larraín, que iba a cumplir fielmente lo que él me había pedido, que era hablar del futuro. En especial, porque hoy que vivimos momentos bastante difíciles en Chile, parece que hablamos más del pasado que del futuro.

Obviamente, para hablar del futuro tenemos que comenzar estudiando y analizando lo que ha pasado en los últimos años, porque nos sirve para definir las cosas positivas que hicimos y profundizarlas y, al mismo tiempo, para detectar lo que hicimos mal y no repetirlo.

Por eso, quiero partir diciendo que los años de la transición fueron muy buenos, como lo reconocen muchas personas, y vamos a demostrar a continuación por qué fueron tan positivos.

Partimos por las siguientes obras. La primera licitación que hicimos de la Costanera Norte no pudimos completarla porque era un proyecto de gran envergadura, que duplicaba todas las licitaciones que habíamos hecho hasta el año 98 y 99, en lo que se llamó la gran política de concesiones público-privada. La Costanera Norte tenía grandes complejidades y, por lo tanto, el primer proyecto debió ser rehecho y hubo que buscar nuevos financiamientos. Pero tuve la satisfacción de que en febrero del año 2000 pude firmar el decreto con el cual se iniciaba la licitación y la construcción de la Costanera Norte ¡Qué sería de Santiago hoy día si no la tuviéramos!

Luego está la torre Sky Costanera Center, entiendo que la fecha de término fue por el año 2011, pero en 1994 esto no era ni siquiera un proyecto. Tal vez sería alguna idea que el señor Horst Paulmann (controlador del consorcio empresarial Cencosud) tenía en la cabeza, pero nada más.

En esa época nuestra gran compañía aérea se llamaba Lan Chile y servía casi exclusivamente en nuestro país. No era Latam, que pasó por dificultades, pero que ahora nuevamente se está consolidando y no solo está en América Latina, sino también en Estados Unidos, Europa y otros lugares. En fin, eso era la realidad que estábamos viviendo.

Construyendo a Chile

A partir de los 90, con sus tres gobiernos elegidos democráticamente, se enmarcan los que a mi juicio son los 15 o 20 mejores años de la historia económica, política y social de Chile.

Me gustaría señalar algunos de los logros de esa época, como el crecimiento económico más alto de la historia nacional. Los primeros cuatro años, con el presidente Patricio Aylwin, crecimos en torno al 7% u 8% -cómo envidiamos esas cifras ahora- y a mí me tocó, incluyendo la crisis asiática, casi un 6% de crecimiento promedio. El año 2000, inmediatamente después de la crisis asiática, Chile creció 5,3%, lo que refleja que manejamos adecuadamente esa crisis, como lo reconoció el Fondo Monetario Internacional (FMI), y las agencias de riesgo internacionales, que nunca nos bajaron la clasificación.

Reducción de la pobreza. En 1988 la pobreza llegaba a cerca del 42%. Cuando asumí la Presidencia en 1994 estábamos en el 30%, más o menos, y al terminar mi gobierno llegamos al 20%. ¿Qué país se puede jactar de haber reducido la pobreza en más de la mitad en solo 10 años?

Integración al mundo. En menos de un año de administración, en diciembre de 1994, ya éramos socios de APEC y fuimos invitados a participar en el NAFTA por los gobiernos de Estados Unidos, Canadá y México. Si bien con EE.UU. tuvimos que esperar 10 años para firmar el TLC (porque el Congreso norteamericano no le dio al presidente Clinton la autorización para el fast-track), en mi gobierno firmamos un TLC con Canadá y profundizamos el que teníamos con México. Además, estábamos negociando ya con la Unión Europea. Es decir, en los dos primeros años de mi gobierno teníamos dibujado prácticamente lo que iba a ser nuestra política exterior, la que se mantiene casi inalterable hasta hoy, aunque se ha profundizado con la incorporación de nuevos mercados.

Educación. Cientos de miles de jóvenes accedieron a la universidad. En los años 90 había unos 250.000 estudiantes universitarios. Cuando terminó mi gobierno la cifra llegaba a 650.000 y hoy día estamos hablando de 1.200.000.

Fuimos el primer país latinoamericano en modernizar el sistema del Servicio de Impuesto Interno (SII). Poco después del año 2000 hubo una reunión mundial que se realizó en Santiago, me llamó el exdirector del SII, Javier Etcheberry, y me dijo: "Nos van a dar un premio porque estamos entre los cinco países más avanzados en materia de sistemas de impuestos internos", y hoy sigue siendo de los mejores del mundo.

Así era el Chile que fuimos construyendo.

No olvidemos también la paz social. Hoy da pena mirar la televisión y los noticiarios. ¿Habíamos pensado alguna vez que esto nos iba a pasar cuando nos sentíamos los líderes de América Latina en materia de seguridad? ¡Qué terrible lo que estamos viviendo!

En nuestro gobierno también comenzamos a recibir mejores datos de las más importantes clasificadoras de riesgo. Nos clasificaron con A- y ese valor lo mantuvimos durante todo mi gobierno a pesar de la crisis asiática. Creo que la primera vez que se modificó fue entre 2020 y 2021.

Esta pequeña muestra de lo que hicimos en la transición fue lo que nos permitió ubicarnos a las puertas del desarrollo.

La historia por alcanzar el desarrollo

Entonces, la pregunta es: ¿qué futuro queremos para nuestro país? ¿Qué futuro queremos construir para el 2030, 2040 o 2050? Lógicamente, la aspiración máxima: ser un país desarrollado. ¿O vamos a seguir en el grupo de los países en vías de desarrollo? O, una vez más, ¿seremos un caso de desarrollo frustrado?

Todos hemos leído y releído el libro de Aníbal Pinto, *Chile: un caso de desarrollo frustrado*, escrito en 1959, es decir, hace más de 60 años. Lo he revisado nuevamente y es notable lo que dice: "Aquí estamos acostumbrados a echarle la culpa a los países extranjeros, pero el tema del desarrollo frustrado de Chile depende de lo que hacemos en Chile, de las cosas que dejamos de hacer". Lo dijo con toda claridad.

La pregunta que debemos hacernos en este foro es si podemos dejar atrás el libro de Aníbal Pinto y llegar a ser un país desarrollado. Es una pregunta legítima en nuestra región, porque si recuerdan bien, cuando se escribió el libro los países que mirábamos hacia arriba eran nada menos que Venezuela y Argentina.

A este último país, al finalizar la Segunda Guerra Mundial, le decían el "granero del mundo", una potencia alimentaria. Hoy, en cambio, la pregunta que se hace es cuántos fondos tienen los argentinos en el exterior. Venezuela, por su parte, como pudimos descubrir a partir de 1973, cuando miles de chilenos se fueron a ese país, era un paraíso. Hoy, todos sabemos lo que está pasando en Venezuela, con una deuda que entiendo es impagable.

¿Qué es lo grave de esto? Lo terrible es que cuando uno quiere surgir, crecer y ser desarrollado, necesita un entorno que lo acompañe, y actualmente el entorno de América Latina no acompaña por estas dinámicas de desarrollo frustrado. Además, nunca hemos construido un proceso de integración capaz de ayudar a los países de la región, como lo hizo la Unión Europea. Los procesos de integración en América Latina no funcionan. Nunca han funcionado.

Otra reflexión clave es si queremos ser un país desarrollado, el país tiene que ser completamente desarrollado y no solamente serlo en los grandes centros urbanos, como es hoy, porque los grandes centros de ingresos, las grandes oportunidades se dan en tres o cuatro grandes sectores de Chile, pero no en regiones. Necesitamos creer más en las regiones, trabajar más con ellas, darles más oportunidades y una real autonomía. No la que le damos hoy.

Bueno, ¿qué más significa ser un país desarrollado? Implica también superar la pobreza, ser un país sin campamentos. En 1997 hicimos el primer catastro con la Escuela de Arquitectura de la Universidad Católica y detectamos cerca de mil campamentos en todo Chile y ahí comenzamos a trabajar en ellos con los programas Chile Barrio y Pavimentos Participativos. En los años 2003 y 2004 se terminaron esos campamentos, en un proceso que fue más que erradicación, fue radicación, con mejoras del entorno, capacitación, habilitación a la gente para que pudiera trabajar. Era un programa integral de desarrollo, donde se entregaron más de 113 mil soluciones habitacionales. El 62% de los asentamientos tuvieron una solución de radicación, el 24% una de erradicación y el 14% una solución mixta. Del total de beneficiados, el 47% obtuvo vivienda nueva, el 42% mejoró su vivienda preexistente y solo el 11% se benefició de mejoras en el entorno.

Han pasado más de 20 años desde que terminó mi gobierno. Yo creo que con todas las tecnologías y maquinarias que hoy tenemos en construcción, si logramos hacer unas 250 mil soluciones habitacionales por gobierno, vamos a dar un gran paso. Hoy tenemos un déficit de 650 mil viviendas y se estima, manteniendo la situación actual, que al año 2030 vamos a tener casi 1.300.000 personas viviendo en campamentos. Evidentemente, hay un factor que es la inmigración, que ha agudizado este problema, sobre todo en el norte, pero esa es la realidad y debemos enfrentarla.

El salto para combatir la desigualdad

Entonces, estoy convencido de que podemos lograr ser un país de oportunidades en lo político, en lo social, en lo económico, y también en lo institucional, que es clave. Aunque a veces las instituciones, para el grueso del público, no son tan importantes, ¡por Dios que lo son!

Me vuelvo a comparar con la década en que fuimos gobierno con la Concertación. Teníamos orden, ideas, proyectos y los gobiernos eran de continuidad, no refundacionales. Todos los gobiernos de la Concertación definimos políticas de Estado permanentes. Cada uno con su sello, mirada, énfasis, pero con políticas de Estado.

En esa época fijábamos la mirada en Estados Unidos, una parte en Europa y el resto de América Latina. No mirábamos el mundo global. Hoy estamos en todo el mundo. Tenemos acuerdos comerciales con más de 60 países, más del 80% del PIB mundial, somos reconocidos en todos los organismos internacionales como el país que tiene la mayor cantidad de acuerdos comerciales, los que hemos ido profundizando, porque en la época en que los firmamos no se hablaba de cambio climático o de la economía digital, y ahora sí.

Desde el año 1990 hasta el 2020, en 30 años, logramos alcanzar US$25.500 de ingreso per cápita, el primer lugar en América Latina. ¿Puede Chile en otro momento de su historia, desde que somos República, mostrar estos resultados? ¿Podemos mantener esto para el futuro? Aquí quiero plantear una cosa que es fundamental, y es que no hay recetas mágicas para crecer y desarrollarse sin mirar el futuro. Si no hay crecimiento económico, no hay nada; si no hay inversión, no hay nada; si no hay modernización social y productiva, es muy difícil alcanzar el desarrollo.

Insisto, no hay recetas mágicas. Nos pilló la crisis asiática y logramos sortearla porque habíamos pagado la deuda de Chile. Porque del año 1990 al 1998 pagamos casi el 90% de la deuda pública del Estado de Chile. Había responsabilidad fiscal, una definición que parece que ahora no es tan importante. Y es un error, porque no hay ninguna otra fórmula que lleve al desarrollo.

¿Y qué necesitamos hoy? Exportar más, más apertura comercial, más inversiones y más infraestructura. Cuanto más podamos avanzar en nuestras exportaciones, cuanto más acuerdos podamos lograr, mucho mejor. Felipe Larraín nos recordaba lo del TPP, que nos demoramos cinco años en aprobarlo. Aquí, Chile fue pionero, porque cuando Estados Unidos, con Donald Trump a la cabeza, lo desechó, el TPP se paralizó dos años y Japón le propuso a Chile que fuéramos los líderes para revivirlo. Las negociaciones de la segunda etapa se hicieron en Viña del Mar y se firmó el año 2018. Cinco años estuvimos esperando y después, una vez que se firmó, Inglaterra se sumó, porque el Brexit no resultó tan bueno como creían y hay varios otros países que quieren sumarse como Corea.

Ese ha sido un tratado de proyección mundial y, mal que mal, estamos sentados juntos con varios de los principales países del mundo y con los integrantes de ASEAN. Esta apertura comercial ha sido y nos ha permitido crecer y desarrollarnos. A propósito, hay una cifra que impresiona: hasta hace un año el 75% de nuestra economía dependía del comercio exterior, y eso no va a cambiar ni en uno, ni en dos, ni en tres o cuatro años más. Lo conversé muchas veces con las autoridades y con el propio presidente Gabriel Boric. Le dije: esto no se cambia ni en 10 años.

De ese 75%, dos tercios van al Asia, pero nos olvidamos de ASEAN que tiene países como Indonesia, donde está la sede de ese conglomerado. Indonesia tiene más de 270 millones de personas, el cuarto país con mayor población del mundo. Yakarta, su capital, es la sede económica financiera, estructural, territorial y de logística de ASEAN. Chile fue el primero de Latinoamérica en estar ahí inserto. Ahí también están Tailandia, Malasia y Singapur

¿Por qué destacamos que la mayor parte de la inversión llega de Asia? Porque hasta hace 20 años las grandes inversiones a Chile llegaban de

Estados Unidos, Europa y Latinoamérica. Ahora provienen de Asia. No nos olvidemos de Japón, que tiene más de US$40.000 millones invertidos en Chile, en todos los sectores, especialmente la minería.

Pero ahora el gran problema que tienen los inversionistas es la *permisología*, que nos está matando. Esto se está discutiendo mucho, pero se ha avanzado poco. Se había planteado la idea de que se hicieran algunos cambios de los reglamentos, porque si se mandaba un proyecto de ley al Congreso iba a pasar tres o cuatro años en tramitación y no íbamos a avanzar nada. Pero hoy todos los grandes proyectos los está parando la *permisología*. Así, no podemos llegar a ser desarrollados, no hay ninguna posibilidad.

Además, el tema de la seguridad, ya estamos en todos los estudios internacionales identificados como un país peligroso. Incluso, hay gobiernos que están alertando a sus compatriotas en caso que vengan a Chile. ¿Cuándo habíamos visto algo así?

El círculo virtuoso: privados y Estado

Necesitamos más asociatividad público-privada. Lo que iniciamos en nuestros años con las concesiones no lo podemos detener, porque son una fuente de recursos que Chile no posee y no hay otra manera de tenerla.

Actualmente, soy presidente del Consejo de Política de Infraestructura (CPI), que es un organismo que tiene más de 300 socios, donde están todos los expresidentes, exministros de Transportes, de Obras Públicas y de Vivienda. Desde hace años que se vienen discutiendo las grandes obras que Chile necesita y está demostrado que la asociatividad pública-privada ha sido tremendamente beneficiosa para el país. En 30 años llevamos más de US$ 28.000 millones de inversiones (...) por lo menos 15 o 20 veces el presupuesto del Ministerio de Obras Públicas del año 1995. Y esto lo tenemos que continuar, porque ha sido tremendamente exitoso. Si nosotros miramos los grandes proyectos que necesitamos en ferrocarriles, puertos, litio e hidrógeno verde, entonces tenemos que reactivar la asociatividad público-privada. A propósito del litio (...) nosotros recién estamos discutiendo la política para el litio, mientras que las baterías de sodio ya se están fabricando en Asia.

Volvamos a la infraestructura. A nivel internacional, lo mínimo que se necesita invertir, según la OCDE, es un 2,4% del PIB para mantener los niveles de infraestructura. Pero si queremos crecer, según la misma OCDE, necesitamos, al menos, un 3,5%. ¿Es posible? Claro, pero con inversión privada. Se anunció un pacto y se publicaron todos los proyectos que se van a financiar mediante este mecanismo. Ninguno de los que el CPI ha propuesto está en esa lista: ni el hidrógeno verde, ni el litio, ni ferrocarriles, ni los puertos, ni el cable de fibra óptica, ni las desaladoras, ni los tranques. Todo eso se hace con inversión privada y si hicimos US$30.000 millones en estos 30 años, por qué no podemos hacer US$40.000 o US$50.000 millones en el futuro y así ser realmente un país desarrollado de una vez por todas. Se puede hacer, no es una quimera, porque en el año 1999 o 2000 ya la inversión que hacían los privados en las concesiones era más que el presupuesto del Ministerio de Obras Públicas, o sea, estuvimos muy cerca de llegar al 3,5% del PIB. Después se fue bajando.

Y hay otros ejemplos, como las cárceles. Se hicieron 14 por licitación, pero dijeron que se estaban privatizando. Después no se construyeron más, se pararon todas, y ahora tenemos las cárceles colapsadas. Y los hospitales. Vayan a conocer el nuevo Hospital Salvador. Es igual que estar en una de las mejores clínicas de Chile. Hecho por la vía de las concesiones.

¿Por qué no lo seguimos haciendo? ¿Por qué no seguimos invirtiendo el 3,5% del PIB? Si no lo hacemos, ¿de dónde vamos a sacar los recursos? Hemos hablado con el ministro de Hacienda, con la ministra de Obras Públicas, hemos organizado seminarios en la Universidad Central y le hemos presentado a las autoridades de gobierno que tienen que ver con infraestructura todas las obras que Chile necesita, que son 14 o 15 proyectos de gran envergadura, que si no los hace el sector privado asociado con el sector público, como corresponde, van a seguir aumentando el déficit de infraestructura, que no solo ralentiza el desarrollo, sino que ralentiza todo el comercio exterior de Chile.

La urgencia de terminar con los cuellos de botella

Tenemos grandes cuellos de botella, que podemos resolver con este sistema. Evidentemente que sí. Por ejemplo, en materia de puertos. Todos ustedes leen la prensa. El día 28 de julio, Día Nacional de Perú, apareció un reportaje en un diario de la capital referido al puerto de gran escala en Perú y el rompeolas, cuya construcción está casi terminada y será el más grande de América del Sur. Se inaugurará en 2024, durante la reunión de APEC de noviembre. Además, agregan que están estudiando la posibilidad de hacer otro en Arequipa, cerca de Ilo.

Así vamos a quedar con un sistema portuario dedicado al cabotaje. ¿Qué política portuaria nueva hemos visto en los últimos años? La política portuaria que hicimos en nuestro gobierno, la que ha regido durante todos estos años, que permitió la competencia entre puertos y las inversiones, de repente se paralizó completamente. Tenemos que avanzar. Lo digo responsablemente: no tenemos ningún puerto para recibir los barcos que vienen el próximo año de 18.000 containers. No tenemos y no lo vamos a tener, y eso se repite en todos los frentes de infraestructura. Y esto es básico, porque el 93% de todo el comercio exterior de Chile sale por los puertos.

Por otra parte, tenemos 3 mil camiones pasando por Los Libertadores a partir de septiembre. Son los que vienen del sur y que ocupan todos los caminos, porque no tenemos ni un puerto con ferrocarril. No tenemos ningún intermodal en Chile. Hay que hacer intermodales en Santiago Norte y Sur, Valparaíso, Maule y Biobío para aprovechar también los puertos del sur, donde está el puerto de Coronel, uno de los más modernos del Biobío trabajando al 70%, porque ahora han descubierto que hay que trabajar dos turnos, mientras los puertos modernos del mundo ya están operando con sistemas que prácticamente no tienen trabajadores.

La capacidad ferroviaria, otro problema más. Hace 10 años la carga que se movía por este medio era del orden de los 13 a 14 millones de toneladas. Se esperaba que cada año subiéramos un millón, es decir, ahora deberíamos estar en 24 millones, pero estamos en 10 o 9 millones. Bajó un 20% lo que teníamos en 2013. Así no podemos trabajar en el comercio exterior.

La capacidad aeroportuaria. Todos los aeropuertos de Chile, no solamente se han licitado una vez, sino que tres o cuatro veces. Cuando con mi amigo y exministro de Transportes, Claudio Hohmann, hicimos la licitación del aeropuerto Pudahuel, ahí mismo firmamos el tratado aéreo con Estados Unidos. Si hubiéramos hecho este mismo procedimiento en cárceles o en hospitales estaríamos con los problemas resueltos.

Es decir, para resolver los cuellos de botella de Chile tenemos que seguir con las grandes inversiones que es lo que permite la asociación público-privada. De lo contrario, no se va a avanzar. No hay otra manera de financiar esto. Felizmente, la nueva ministra ha lanzado un nuevo plan, pero los plazos son muy extensos. En el caso del nuevo puerto de gran escala de San Antonio dijeron que van a comenzar a ejecutar la ingeniería el 2027 y el puerto se va empezar a construir en 2030. Hoy, hablar de los años treinta es como hablar del siglo XXII. Por lo tanto, aquí es necesario hacer mucho más y más rápido.

El error de detener los embalses y las desaladoras

Como soy ingeniero hidráulico me voy a permitir enviar unos recaditos respecto del tema del agua. Tuvimos este año grandes temporales, pero el 70% u 80% del agua que cayó esos días se fue al mar. ¿Por qué ocurrió esto? Porque hace muchos años se decretó que no había que hacer embalses, porque cuando vinieran los grandes temporales estos se iban a ir por los humedales. Gran error. Tenemos que seguir haciendo embalses. Hay regiones del país, como la de Coquimbo, que tienen una red de 15 embalses, por lo menos, y no tienen grandes problemas. En cambio, en la provincia de Aconcagua no hay ni un solo embalse.

Siempre se han opuesto a que se hagan embalses y ¡por Dios que los necesitamos! Si tuviéramos más embalses, no habríamos perdido el agua que cayó durante las lluvias que se han registrado en estos meses, sino que tendríamos reservas para agua potable, porque los embalses son de triple propósito: para agua potable, regadío y generación eléctrica. En ninguna parte se piensa que no se va a usar para las tres alternativas, es decir, se les saca el máximo a las inversiones.

Y ahora estamos en medio de una larga discusión respecto de las desaladoras. Tuve el privilegio de inaugurar la primera desaladora en Antofagasta, de mil litros por segundo, es decir, un metro cúbico por segundo, que abastecía la ciudad de Antofagasta en ese momento y la planta se podía ampliar. Resulta que ahora se está hablando que hay que hacer una regulación o una política para las desaladoras, lo que sería nefasto. Hay una o dos desaladoras levantadas por el Estado, mientras que el sector privado ha construido 24, que están operativas y aportan 8 mil litros por segundo. Además, hay otros 22 proyectos en desarrollo, que van a producir 25 mil litros por segundo. Hoy necesitamos 60 mil litros por segundo para abastecer a Santiago y Antofagasta. Si ya tenemos la mitad del camino hecho con la legislación vigente, entonces es absurdo cambiar la regulación. Eso significa la discusión de un nuevo marco regulatorio en el Parlamento, lo que va a tomar años de discusiones y con ello lo que se logrará es retrasar las inversiones y la solución del problema del agua potable y el regadío que tenemos y que es urgente resolver.

El gran desastre de Chile: la educación

Por último, está el tema de la educación. Quiero ser muy sincero. Tenemos un problema crítico en la educación pública y la educación temprana, lo que es el gran desastre que tenemos en Chile. En cambio, en la educación superior no tenemos ese problema. Como dije, a principios de los años 90 eran 200.000 jóvenes que entraban a la universidad y hoy tenemos 1.300.000, los que incluso pueden salir a estudiar al extranjero. O sea, la capacidad de las universidades chilenas nadie la discute. En todos los rankings internacionales aparecen las principales universidades chilenas entre las mejores, como la Universidad Católica y la Universidad de Chile, donde yo estudié.

Pero nos falta algo más que hacer: los países grandes mandan a los jóvenes que están titulados a estudiar en el extranjero. Hay países que tienen 600 mil o 700 mil alumnos estudiando en Estados Unidos o en Europa para que adquieran los nuevos conocimientos que están marcando al mundo. Vietnam, por ejemplo, tiene 22.000 a 25.000 jóvenes estudiando en el extranjero. En Chile, salen los estudiantes a estudiar economía, ciencia política, ciencias sociales, pero ¿cuántos tenemos estudiando inteligencia artificial o economía digital, o todas las nuevas tecnologías que se están desarrollando?

La globalización ha sido fundamental para Chile. Si no nos hubiéramos integrado al mundo, no sé dónde estaríamos hoy. Probablemente, encerrados en América Latina y sufriendo todos los problemas que vive esta región.

Las exportaciones de Chile llegaron el año 2022 a casi US$100 mil millones, es decir, dos tercios del PIB del país. El comercio exterior se acerca a los US$200.000 millones y nunca ha bajado, ni siquiera en la crisis asiática, en la crisis mundial de ahora, ni en la del Covid.

Pero ahora tenemos que exportar más. Tenemos que duplicar nuestras exportaciones, con mayor diversificación y valor agregado, para acercarnos al volumen que exportan países como Nueva Zelanda o, incluso, superar a otros como Portugal.

Pero con un PIB per cápita de US$25.500, por mucho que sea de los mejores de América Latina, no será suficiente para ser desarrollado. Así no vamos a resolver tampoco los problemas de pobreza y de marginalidad que tiene el país.

Para alcanzar el desarrollo no hay atajos. Aquí nadie inventa la rueda. Hay que trabajar, hay que tener instituciones, hay que tener colaboración público-privada, hay que tener visión de Estado para los grandes temas que Chile tiene que enfrentar.

Para terminar, quiero invitar a que lean lo que dice un gran poeta chileno, quien, además, era un gran matemático y profesor de mecánica racional: don Nicanor Parra. Él nos dice que tenemos tres alternativas: el ayer, el presente y el mañana. A continuación, dice que ni siquiera tenemos tres, porque el ayer es ayer y nos pertenece solo en el recuerdo. Las cartas por jugar, entonces, son dos... pero ni siquiera son dos, porque es un hecho bien establecido que el presente no existe, sino en la medida en que se hace pasado y ya pasó, como la juventud. En resumidas cuentas, solo nos queda ese día que no llega nunca, pero que es lo único que realmente disponemos. Tenemos que pensar en el futuro. Esta obra de nuestro gran poeta se llama "El Último Brindis".

Tenemos un gran futuro, si lo hacemos entre todos y lo hacemos bien, pero ¡Por Dios que hay beligerancia en este país! ¡Por Dios que discutimos todo! No sigamos discutiendo el pasado. Van a pasar 100 años, 200 años y no va a haber una verdad oficial. Tengamos memoria para lo que ocurrió en el pasado. No lo olvidemos. Pero miremos hacia el futuro y pensemos que es posible alcanzar el desarrollo si lo hacemos entre todos y lo hacemos bien.

ISABEL ANINAT S.
Decana de la Facultad de Derecho de la UAI

La modernización del Estado constituye una agenda en la cual existe bastante consenso sobre los temas a abordar

Déjenme partir por una cita: "Es indudable que el aparato administrativo de nuestro Estado requiere una modernización, para ponerlo más a tono con las necesidades y urgencias del mundo contemporáneo, y hacerlo más ágil, responsable y eficiente. No es tarea fácil, ni se cumpliría anunciando reformas más o menos espectaculares. Desburocratizar no es solo disminuir funcionarios, que en muchos casos son menos de lo que se requieren. Es necesario, sobre todo, agilizar la función pública, dignificar, estimular el mérito y la iniciativa, agilizar los procedimientos y establecer parámetros estrictos de responsabilidad".

Esa frase es del último discurso del 21 de mayo del presidente Patricio Aylwin en 1993 y podría ser perfectamente una frase de los tiempos actuales, más aún en momentos en que la importancia del correcto funcionamiento del Estado nuevamente nos vuelve a llamar la atención.

¿Por qué parto con esta reflexión? Porque desde el regreso a la democracia, los avances en modernización del Estado se han construido incrementalmente. Nuestro Estado ha avanzado en temas transversales de la administración pública, incluyendo gestión de personas, gestión interna, tecnología y gobierno electrónico, y la interacción entre los ciudadanos y el Estado.

Sin embargo, los avances se han dado fragmentadamente, en base a proyectos o instituciones específicas y, muchas veces, sin una mirada sistémica. Ello se debe a múltiples causas: la falta de prioridad política, excepto en tiempos de crisis, los altos costos de economía política de varias reformas, las dificultades en términos de la cantidad de entidades involucradas, y, hasta hace poco tiempo, la falta de una institucionalidad que permaneciera en el tiempo sostenidamente para liderar muchas de las reformas.

En general, los avances fueron producto de escándalos por faltas a la probidad. Si bien fue una agenda que no desapareció del todo, tampoco tuvo prioridad, salvo que fuera invocada para reaccionar a casos de corrupción.

Por lo mismo, la pregunta por la institucionalidad es importante. Los liderazgos personales, el empuje de la sociedad civil, el aprovechar las crisis como oportunidades, son todas cuestiones que aportan muchísimo. Sin embargo, la falta de una institucionalidad afecta la memoria institucional, la proyección de una agenda estable y coherente, la incorporación de distintas agendas (probidad y transparencia, digitalización, etc.) y evitar la dispersión política.

Desde el segundo gobierno de Sebastián Piñera existe un consejo permanente para la modernización del Estado y una secretaría de modernización alojada en el Ministerio de Hacienda. Ello es una buena noticia.

Un profundo puntapié inicial

Ahora bien, mirando hacia atrás, quizás fue en la década de los 90, particularmente el gobierno de Eduardo Frei Ruiz-Tagle, cuando la modernización tuvo un peso institucional especial. Y creo que ese aporte muchas veces se pasa por alto, y en los tiempos actuales, volver sobre ello se vuelve particularmente importante.

Con el gobierno del expresidente Frei la modernización del Estado, particularmente su gestión interna, se fijó como una de las prioridades. El octavo compromiso del programa de gobierno era este, con base en once ejes, el último de los cuales era precisamente: el respaldo institucional del esfuerzo modernizador.

En el primer año de gobierno se creó por decreto el Comité Interministerial de Modernización de la Gestión Pública (compuesto por tres ministerios: Interior, Hacienda y Segpres, y con secretarías ejecutivas y técnicas), el que debía proponerle al presidente políticas y planes de acción. En 1997 el Comité publicó su plan estratégico y las líneas de acción en seis ejes.

Bajo este modelo se hicieron avances transversales enormes, recogidos después por ley. Por ejemplo, los primeros pilotos de lo que después se transformaría en la Alta Dirección Pública, se creó el PMG (Programa de Mejoramiento de Gestión), el programa de evaluación de proyectos y los balances de gestión integral. Se creó la Comisión para Nuevas Tecnologías de la Información y Comunicaciones, se validó el documento electrónico, la firma digital en el Estado y un portal de información para ciudadanos. Y se publicaron cartas de derecho, en que más de 90 servicios públicos se comprometieron a eliminar o simplificar trámites y se crearon premios institucionales a la calidad e innovación pública.

A los seis años, el 2000, el Comité hizo un balance de su labor, evaluándola como una estrategia gradual que buscó crear redes de colaboración y un cambio cultural al interior de la administración. ¿Las debilidades? Insuficiente acompañamiento a los altos directivos, falta de coordinación entre autoridades, dificultad para establecer alianzas estratégicas con la clase política, ampliación de la agenda, lo que diluyó el foco y efectividad. Por supuesto, se dejaron asuntos pendientes o con poco avance.

Sin embargo, mucho de lo que se sembró en esos años fue recogido después. Así, hace exactamente 20 años vimos avanzar algunas mega reformas de la modernización del Estado: la creación de la Ley de Alta Dirección Pública y Dirección del Servicio Civil, la Ley de Compras Públicas, las leyes sobre procedimientos administrativos y la consolidación de instrumentos de gestión comandados desde la DIPRES.

Un nuevo impulso

¿Cómo valorar hoy lo que ocurrió en esos seis años? Creo que hay una cuestión que por muchos años costó que se volviera a producir. Estos años fueron de los pocos en que sostenidamente se mantuvo una estrategia pública, con prioridad política acompañada de una institucionalidad.

Durante los años posteriores fuimos testigos de diversas fórmulas y propuestas institucionales. Se avanzó de distintos modos, en algunos casos liderados por Segpres y en otras por Hacienda, con traspasos de unidades de modernización de uno a otro. Pero esos seis años deben ser vueltos a mirar, porque muestran la importancia de un esfuerzo de establecimiento por la vía institucional, en que se supere la lógica reactiva y parcial.

Si bien mucho de lo que ahí se sembró tuvo continuidad y se ha perfeccionado en el tiempo, quizás la principal pérdida fue el término de la Comité Interministerial con su fuerza institucional. Esa lección nos costó aprenderla y hoy existen buenas esperanzas puestas en la nueva institucionalidad que se ha implementado desde el gobierno anterior, con continuidad ahora.

Otra cuestión interesante de ese tiempo fue el inicio de una estrategia que perdurará y está presente hasta el día de hoy, como es el uso de comisiones asesoras. Un reportaje reciente que decía que el gobierno del presidente Gabriel Boric ha creado 30 comisiones asesoras y grupos de expertos. Por supuesto, ello existió en gobiernos previos con los comités interministeriales y comisiones ad hoc. En 1994, por ejemplo, a raíz del caso Dávila, se estableció la Comisión Nacional de Ética Pública, con 41 medidas, algunas de las cuales fueron incluidas luego en la Ley sobre Probidad Administrativa y otras por decreto, como el CAIGG (Consejo de Auditoría Interna General de Gobierno), que se mantiene vigente de la misma manera.

Más allá de sus importantes aportes, creo que el constante aumento del uso de esta herramienta nos debe llamar a pensar: ¿Qué tanto esta estrategia termina socavando los esfuerzos de una institucionalidad más fuerte y permanente? ¿Qué tanto aleja el debate de los partidos políticos para que apoyen las reformas? ¿Qué tan útiles terminan siendo al funcionamiento de un Estado que tenga institucionalizada su mejor gestión? Particularmente, cuando ello contrasta con diseños institucionales que permiten perdurar y crecer en el tiempo.

Invitación a reflexionar

El gobierno del expresidente Frei sentó las bases de otras modernizaciones sectoriales cruciales para el país: la reforma procesal penal y los inicios de la reforma de la institucionalidad ambiental. Quizás, y esto solo como una invitación para una reflexión que no nos cabe hoy, lo que nos falta es pensar a futuro sobre cómo incluir la evaluación de estas mega reformas como una revisión constante. Como parte de un proceso que nos impulse a la mejora continua, al ajuste a los nuevos desafíos, y que no tengamos que esperar un escándalo para volver a revisar aquello en lo cual existen vacíos.

Hoy tenemos una nueva oportunidad. La Comisión presidida por María Jaraquemada en materia de probidad estoy segura que hará una excelente contribución en esta línea. La nueva institucionalidad existente tiene la posibilidad de establecer un músculo que fortalezca materias pendientes en modernización, tan importantes como el régimen de empleo público.

A 20 años del sistema de Alta Dirección Pública y de Compras Públicas, es momento de evaluar qué ha funcionado y qué aspectos debemos repensar. Precisamente, porque la modernización del Estado constituye una agenda en la cual existe bastante consenso sobre los temas a abordar. Las áreas no han variado demasiado de lo que se planteó en los 90: gestión de personas, gestión interna, tecnología y gobierno electrónico, interacción entre ciudadanos y el Estado. Para ello, la manera que trazó el exgobierno del presidente Frei, de buscar incorporar un enfoque más institucional, es importante. Sin ello, es difícil que la modernización se transforme en aquello que debe ser: una política de Estado.

IRIS BOENINGER V.
Exembajadora de Chile en Uruguay y ante la ALADI, miembro del Consejo Asesor Clapes UC

Es nuestra obligación moral construir acuerdos transversales para resolver los temas acuciantes que enfrenta Chile

La preocupación por el futuro debe llevarnos a construir una orientación estratégica para nuestro país y las formas de dar respuesta a los grandes desafíos y tareas inconclusas que nos convocan.

Construir futuro no puede deslindarse de reconocer la existencia de problemas cuya solución no puede postergarse y, menos aún, hacerles el quite indefinidamente.

Por más que sea difícil y que a muchos no les guste o les cueste, el único camino de salida para darle mayor gobernabilidad a Chile y resolver las problemáticas de los ciudadanos, es el del diálogo con genuina vocación de acuerdo, de acuerdos transversales.

Practicar la escucha del otro, de los jóvenes y sus miedos, de las mujeres con sus temores, de quienes viven en regiones, de quienes hoy sufren fuerte el embate del narcotráfico, la violencia y la inseguridad, de los ciudadanos y sus preocupaciones más acuciantes.

No deben existir enemigos, solo adversarios políticos a los cuales requerimos persuadir y darles la oportunidad de persuadirnos. ¿No piensan acaso que es mejor un logro compartido que ninguno?

El excesivo uso de la palabra diálogo en la discursiva, sin acción posterior de acuerdos, es malo para la sociedad.

Aspiramos sin duda a una democracia más libre, más eficaz, que es fundamental a la hora de hablar de futuro. Conmemoramos los 50 años de la ruptura de nuestra democracia, porque los dolores no terminarán, y esto nos debe llevar a dibujar un futuro exento de odio y de divisiones, sin claudicar jamás ni la democracia ni la libertad. La memoria es un nunca más y la historia es una revisión para hablar de procesos de largo aliento y no para que el debate quede truncado por visiones distintas y contradictorias.

La incertidumbre política no ayuda. Llevamos años de incertidumbre institucional.

Cuando el político mira su propio interés, por sobre los problemas colectivos de los ciudadanos, estamos en problemas, aparecen los díscolos y queda trunco cualquier intento de acuerdo.

Hablar de futuro nos refiere de inmediato a los jóvenes, ya que su rol es determinante en el mismo. La educación, el crecimiento económico, la perspectiva de contar con empleo y vivir en un país seguro, son fundamentales para poder llevar a cabo sueños y proyectar un futuro. Una importante mayoría siente desilusión y desesperanza.

La crisis climática y medioambiental, los materiales contaminantes, la irrupción de la inteligencia artificial descontrolada les genera miedo. Si sumamos inestabilidad económica, política y social a esto, muchos jóvenes querrán emigrar o no tener hijos.

Chile debe ocuparse de estas materias, legislarlas para proteger a nuestro país del desempleo, que será inevitable y esto requiere crecimiento, requiere más inversiones, como muy bien dijo nuestro expresidente Eduardo Frei, quien en su período presidencial logró un récord en inversión en infraestructura y puertos.

La desilusión que tienen hoy los jóvenes en Chile, ante un gobierno -de jóvenes- que está lejos de cumplir con sus expectativas; el daño a la fe pública y a la credibilidad les ha generado mucha incertidumbre.

La ruptura de la confianza ante graves hechos de corrupción, la calidad de la educación, la salud en crisis, las pensiones de sus padres y de sus abuelos y las propias, nos obliga a construir futuro con ellos y para ellos.

Nuestra economía es una economía de mercado regulada, que a veces quieren denostar con el mote del neoliberalismo.

Una sólida institucionalidad

Nuestro país, como muy bien demostró el expresidente Frei, está inserto en el mundo, de allí la importancia tremenda que tienen nuestras relaciones internacionales, la diplomacia activa y cooperadora que permite aprender de quienes lo hacen mejor en distintos temas en otros países y promover lo que nosotros hacemos bien, con tal de generar cooperación mutua.

Esto construye lazos inquebrantables.

Hemos recorrido un gran camino de inserción en el mundo, es innegable y ProChile ha sido una gran política pública y un ejemplo los Acuerdos de Libre Comercio firmados con el mundo.

Nada será posible si no se ataca con firmeza y decisión la inseguridad, la violencia y el narcotráfico. Vivir en paz es un derecho de todos quienes habitan en este país libre que es Chile. La violencia solo perpetúa el ciclo de dolor y división en la sociedad, lo que impide el progreso y la convivencia pacífica en una democracia plena, eficaz e inclusiva con una férrea institucionalidad.

Se deben defender nuestras instituciones y cuidar la gobernabilidad, teniendo claros los valores de nuestra República, nuestras tradiciones y símbolos patrios. La libertad es una condición que jamás debe ser vulnerada, por lo cual debe ser protegida y respetada transversalmente.

Los "nunca más" a las violaciones a los Derechos Humanos, el fiel cumplimiento de la Constitución y las leyes deben exigirse. Nunca más a la ruptura democrática, a la violencia como medio de expresión validado, a la división que se ha querido hacer de Chile y de los chilenos. No deben existir vencedores ni vencidos en democracia, solo adversarios políticos electos en las distintas estructuras de votación popular. No son enemigos, son adversarios y su responsabilidad es el diálogo.

La superioridad moral no se lleva bien con la adhesión al pluralismo. Debemos tener claro que los votos son un compromiso con los ciudadanos, son de ellos los votos, no son del político que los obtiene y ello significa una tremenda responsabilidad, si no sería una lotería de mayorías.

La cultura, su desarrollo y aplicación, va más allá de las expresiones mismas, es necesaria, es el alma, cura y sana el alma de la gente, por ejemplo, respecto a la paz. Una paz que no se pinte, que no se cante, que no se represente, se muere de tristeza.

El futuro debe darle importancia al arte en todas sus manifestaciones.

La educación, el gran desafío

Tenemos disyuntivas y tenemos desafíos. Seguiremos con una economía de mercado bien regulada con fuerte presencia del Estado en desarrollo social y una regulación pública que evite riesgos sistémicos y proteja al consumidor o al usuario promoviendo la competencia, sin inhibir la inversión y fomentando la inversión público-privada. Esta es una seria e importante definición que se debe tomar, pero se debe tomar realmente, comprometidamente. Necesitamos crecimiento económico, un país en situación de gobernabilidad frágil no puede avanzar ni resolver cuestiones esenciales.

El rol de la academia es tremendamente importante. Se han hecho muchas cosas relevantes en pos de la democracia, de la paz, del diálogo y mucho más.

Pero, ¿cuáles son nuestros desafíos para construir este futuro? La educación es el más trascendente que tenemos, ya que tiene el insustituible rol de formar a los ciudadanos.

La vulnerabilidad de quienes han salido de la extrema pobreza es grande porque pueden volver a caer y esto se debe evitar, ya que no hay nada más dramático. Debemos reducir la desigualdad. El sello de la protección social está instalado en nuestro país, debemos avanzar más en ello y este tema se ha tocado con muchísima profundidad, en la modernización del Estado y la mejora de su gestión. Todavía queda un largo camino por avanzar en esta materia.

Un plan de desarrollo global en La Araucanía de manera tal de integrar al pueblo mapuche y resolver temas por tanto tiempo pendientes.

Retomar el liderazgo

Son muchos los desafíos que deben convocarnos para construir futuro y para, en serio, contar con un modelo país al que la gran mayoría adhiera; no podemos perder más tiempo. Somos todos conscientes de que estamos atravesando problemas y que esto nos requiere unidos y dialogantes.

Tenemos que realmente empujar para recuperar la credibilidad de la gente en los partidos políticos, que son la columna vertebral de la democracia y si nosotros no trabajamos en función de que haya más diálogo, de que haya realmente encuentros y conversaciones, no vamos a poder avanzar en toda la cantidad de cosas que tenemos por delante.

Estando en Uruguay como embajadora, Enrique Iglesias, excanciller y gran amigo de muchos años, me dijo para la crisis de octubre de 2019: Chile ha sido siempre el faro de la región y estoy seguro de que seguirá siéndolo. Y no hace mucho, hace un mes, me llamó y me volvió a decir que Chile va a seguir siendo el faro de la región. Yo estoy convencida de ello.

Los chilenos tenemos que mirar con más cariño lo que tenemos, hacer un inventario de lo bueno y de lo que hay que resolver, porque tenemos muchas cosas buenas funcionando, las tenemos y debemos unirnos en pos de ello.

Podemos avanzar hacia un futuro extraordinario para Chile si nos arremangamos la camisa o tomamos el toro por las astas.

No solo decir.

Se trata de hacer.

JOSÉ MIGUEL INSULZA S.
Exministro del Interior, RR.EE y Segpres, y ex Secretario General de la OEA

Sin un acuerdo nacional de gran envergadura no vamos a salir adelante, por mucho que cada uno diga que tiene la solución

Es difícil hablar del futuro, porque las cosas pasan tan rápido en el mundo de hoy, que vamos a estar viviendo fenómenos completamente distintos en pocos años más. Hace pocos días leí en un trabajo especializado que, hace apenas dos o tres siglos, el conocimiento humano se demoraba 100 años en duplicarse; hoy esa duplicación ocurre en meses.

En lugar de predecir el futuro, entonces, empezaría por reconocer que estamos "en medio del futuro". Estamos viviendo una nueva era, que comenzó bien para nosotros, porque su inicio coincidió con las más de dos décadas, la última del siglo pasado y la primera de esta, en que Chile retornó a la democracia y alcanzó niveles de desarrollo económico y social impensados.

Los nuevos remezones

Hay gente que olvida esto. El Internet, el WWW (World Wide Web), cumplió 30 años el 2019, hace muy poco. El muro de Berlín cayó menos de dos meses antes de asumir el presidente Patricio Aylwin. Los acuerdos de Oslo sobre Palestina, el fin del *apartheid* en Sudáfrica, la creación de la Organización Mundial del Comercio, son algunos de los hechos que ocurrieron en ese tiempo. El retorno a la democracia en Chile forma parte de esos eventos positivos.

Esta era en que vivimos, en lo científico, lo económico y lo político, solo es comparable con aquella que se vivió en el mundo entre 1480 y 1520, en que el mundo cambió entero. El período de la revolución copernicana, en que el hombre se dio cuenta de que su mundo ya no era el centro; la imprenta de

Gutenberg, considerada la mayor invención de la historia de la humanidad; y junto con esto el descubrimiento de América, la Reforma Protestante y las guerras religiosas que mataron una parte importante de la población del norte y centro de Europa. La clave aquí es que el cambio científico técnico y los procesos políticos de dominación tienden a coincidir entre sí.

También de 1820 en adelante, en pocos años, se desarrollaron una cantidad de inventos, que se celebran como la Revolución Industrial; que coincidió con la expansión del Imperialismo Europeo y el colonialismo; y lo mismo ocurrió en la primera mitad del siglo XX, con la segunda Revolución Industrial, que trajo consigo la invención del automóvil, la ampolleta y el teléfono, así como la irrupción de Estados Unidos como potencia mundial.

Pero desde el punto de vista científico tecnológico este tiempo es mucho más abundante en portentos. Hemos vivido dos revoluciones científicas tecnológicas, una encima de la otra, en pocos años, y eso se le olvida a mucha gente. Hace poco más de 30 años, cuando uno hablaba de un computador, el 99% de la gente se preguntaba qué era eso; hoy todos van por la calle con un computador en el bolsillo (su smartphone), cada uno más adelantado que el primero que conocimos. Por eso, creo que es importante, cuando evaluamos ciclos y épocas, recordar dónde partió este período tan complejo que se vivió en la última década del siglo pasado y en la primera de este y en qué dirección se mueve aún.

También estos cambios afectan la vida cotidiana de la gente, que ha cambiado de una manera significativa. Nuestros hijos o nietos viven en un universo paralelo al nuestro. Aprenden cosas distintas sin dejar de lado una cierta cotidianidad, pero con exigencias fuertes para entender las tecnologías. Es clave, entonces, comprender y aceptar que todos estos cambios, en la vida cotidiana y en la historia mundial, son vividos con zozobra por las personas que habitan el planeta en ese determinado momento y tratan de adaptarse a ellos, no sin grandes dificultades.

Así, mientras digitalizamos la sociedad y se resuelven las disputas entre potencias mayores y menores, la gente que vive en este mismo período está sufriendo remezones, disfrutando de las nuevas invenciones, pero también viviendo crisis dentro de sus fronteras y más allá de ellas. En este nuevo mundo enfrentamos maravillados nuevas realidades y vivimos aterrados ante dificultades que no pueden explicar, no solamente en Chile, sino en el mundo entero.

Creo que estamos atravesando un ciclo complicado que, sin embargo, no nos debe confundir respecto de lo que hay que hacer hacia el futuro. Lo importante es reconocer, en ese futuro, que ese mundo y este mundo han cambiado mucho y que ese cambio ahora es disruptivo.

La función del mundo político

En este mundo complejo y expectante, el proceso que se vivió en Chile en la última década del siglo pasado debe ser valorado en toda su magnitud. Fue un proceso exitoso en un mundo complicado, que enfrentamos con fuerza y unidad y nos dejó en una posición muy positiva, a la cabeza de América Latina. Pero ahora vivimos tiempos distintos, con incertidumbre económica, permanencia de la desigualdad y aumento de la violencia. Y peor aún, parece que el país ha perdido el rumbo.

Hoy la política, la vida pública, parece dedicada a hacer más daño que bien. Y creo que ese proceso negativo se genera en un momento clave en la historia de nuestro país, en que se perdió aquello que estuvo en la base de nuestros éxitos y que nos lleva a esta etapa en que el temor, la incertidumbre y la división parecen estar apoderándose de nuestra sociedad. El ciclo positivo de las décadas anterior y posterior al fin de siglo, se terminó el día que se rompieron los consensos en Chile.

Hace poco la palabra consenso llegó a ser una fea palabra, y la negociación se pasó a confundir con "cocina" y la política pasó a ser una actividad no respetada, sino que corrupta. Creo que tenemos que responder a eso y cambiar. El presidente Frei mencionó esta especie de rabia, de rencor que existe en la sociedad y que tiene que ver con el período que estamos viviendo.

Por algo la frase "que te toque vivir tiempos interesantes" no es positiva. Porque cuando se vive un tiempo "interesante", de mucha atención, es porque las cosas están cambiando y eso a algunos les genera incertidumbre. Eso hay que asumirlo, como lo hicimos durante 20 años de manera exitosa, hasta que entramos en conflicto entre nosotros. El mundo político condujo un proceso exitoso de desarrollo en Chile por más de 20 años desde 1990 y resolvió muchos problemas de la gente. Hoy lo que hace es crearle problemas a la gente, sin acertar en cómo resolverlos.

Un ejemplo de estos días: hace meses dictamos una ley que prohibía ingresar teléfonos celulares a los recintos penales porque la ley anterior no los mencionaba. Pero luego se descubrió que ya había muchos celulares dentro de los penales, así que se decidió agregar que también fuera delito tenerlos y no solo ingresarlos. Después se dijo que había que considerar las excepciones, como por ejemplo para los abogados. Bueno, de cambio en cambio la ley ya está en su cuarta versión y sigue cambiando. Entre medio, en cada instancia en que se discute, se pronuncian discursos terroríficos respecto de todas las cosas horrendas que están pasando en materia de seguridad.

Esa no es la función del conjunto político, no es su función aterrorizar a la gente. Esto es una lección que, desgraciadamente, no aprendemos. Hoy la política privilegia la denuncia, el temor y la división, por sobre la unidad, el acuerdo y la solución.

En Chile, vivimos en 1999 dos crisis al mismo tiempo: una económica y una política. Recordemos la envergadura de estas crisis. La económica significó que, por primera vez, el país no tuvo crecimiento positivo ese año y, en la política, nos preocupó que la detención de Pinochet en Londres provocara en el país un grado importante de división y de disrupción y, al mismo tiempo, que Chile aceptara que sus derechos soberanos fueran ejercidos en otra nación.

Todo en un año en que había elecciones presidenciales y parlamentarias. Enfrentamos esos problemas en un debate político áspero, pero bastante unidos en torno a principios y también juntos desde el lado de la reconciliación. Cuando se superó la crisis asiática, el gobierno de Frei ya había concluido, pero dejando tras de sí un país sólido, que había sabido resolver los problemas, abriendo el camino a la investigación y juicios por violaciones de los derechos humanos y manteniendo el progreso económico y democrático de Chile.

Hubo gestos que hoy no se ven en la política, ¡no se ven! Cómo no recordar el día en que se revisaron las reformas de los años 2003 y 2004. Yo estaba a la entrada de la sala de la Cámara de Diputados con Pablo Longueira y él me dijo: “Mira, si se cae uno de estos seis partidos, si el más chico se opone, puede fracasar este acuerdo”. Y no se cayó ninguno y las leyes salieron todas. A lo mejor podrían haber salido más, pero la voluntad de sacar adelante al país en su conjunto era el gran triunfo.

La decadencia de la política y la desunión son las peores dificultades que estamos enfrentando, porque desprestigian a la política, que es el arte de buscar soluciones con recursos escasos y ahora se convierte en buscarle problemas a la gente y no proponer soluciones útiles.

El gran pilar: apertura internacional

De los temas centrales de su gobierno que mencionó el presidente Frei, quiero detenerme en la política exterior de Chile que fue realmente muy impresionante. Manteniendo y fortaleciendo todas las relaciones más tradicionales de Chile, una región que era prácticamente desconocida para nuestro país como era el Asia pasó a transformarse en el mayor socio comercial de Chile. Este es un logro inmenso, una gran proeza. Cuando empezamos en los años 90, hablábamos solamente de nuestras relaciones con América Latina, Estados Unidos y Europa. Ahora Canadá y el Asia Pacífico son parte fundamental de nuestras relaciones comerciales y de inversión.

Quiero recordar que hace pocos meses estábamos a punto de perder los fuertes consensos que nos habían permitido forjar una política de Estado en materia internacional. Eso de alguna manera se ha recuperado, pero hay que estar vigilantes, porque siempre surgen los ideales soberanistas de quienes creen que tenemos que producir de todo y resurgen teorías económicas del pasado que ya están completamente superadas. Además, es gracioso que el retorno por parte de algunos académicos chilenos a la teoría de la dependencia se use para cuestionar nuestra relación con los países del Asia Pacífico, que son el mejor desmentido al fatalismo de la teoría de la dependencia.

Cuando hablamos de lo que hay que hacer para fortalecer mucho la unidad nacional en materia de política exterior, eso no significa que tenemos que estar de acuerdo en todo, pero sí en lo principal, que son los principios fundamentales que la rigen. El gobierno de Eduardo Frei Ruiz-Tagle fue clave en la afirmación de esos principios y espero que podamos mantener en los próximos meses y años esta especie de resurgimiento en esta materia.

Recomponer el clima nacional

Este país tiene grandes capacidades, con empresas que ya venden su tecnología fuera del país (el otro día, me trajeron de Nueva York la mayonesa NOT Mayo, inventada en Chile). Esos son desarrollos que tenemos que apoyar, porque demuestran que tenemos una cantidad de gente tremendamente competente, un pueblo capaz de trabajar mucho, con mucha más fuerza que la que se le reconoce.

Pero, desde el punto de vista político, estamos dando señales equivocadas. Creo que esto no va a salir adelante sin un gran acuerdo nacional, como el que permitió restablecer un sistema democrático en Chile y convertir la economía chilena en la primera de América Latina. Sin un acuerdo nacional de gran envergadura no vamos a salir adelante, por mucho que cada uno diga que tiene la solución.

Confieso que soy relativamente pesimista en esto. Cuando la política se corrompe, empiezan a entrar en ella los corruptos. Por eso debemos ser implacables en fortalecer la transparencia, la creatividad, el esfuerzo y la honestidad. Pero, el gran proyecto nacional que llevó a este país a ser lo que es hoy o lo que fue hasta hace poco, parece haber desaparecido y hasta ahora no hemos sido capaces de recomponerlo. Hoy recordamos a un gobierno y a un presidente que estuvieron al centro de esa política creativa y optimista, que es lo que se necesita. Ojalá se aprenda su lección.

EL CHILE QUE SE VIENE

"Si somos capaces de establecer un ámbito de tareas concretas para desarrollar de aquí a los próximos 10 años, habremos dado un paso muy importante para el Chile que, entre todos, queremos construir"

RICARDO LAGOS E.
Expresidente de la República
(2000-2006)

Si somos capaces de establecer un ámbito de tareas concretas, habremos dado un paso muy importante para el desarrollo de Chile

Me honra abrir un ciclo, que bajo la dirección de Felipe Larraín, no me cabe duda que será exitoso e interesante.

Hasta ahora, varios factores le han permitido a Chile posicionarse como uno de los países más prósperos de América Latina. Sin embargo, para seguir avanzando y recuperar el liderazgo en la región es necesario abordar los desafíos actuales, como la distribución equitativa del crecimiento, la sostenibilidad y la globalización, entre otros. Esos son algunos de los desafíos de Chile 2050.

GRÁFICO DE DISPERSIÓN CONECTADO DEL ÍNDICE DE GINI VS PIB PER CÁPITA
(USD ajustados por inflación a valor 2010)
en Chile desde 1990 al 2020 diferenciando por período presidencial

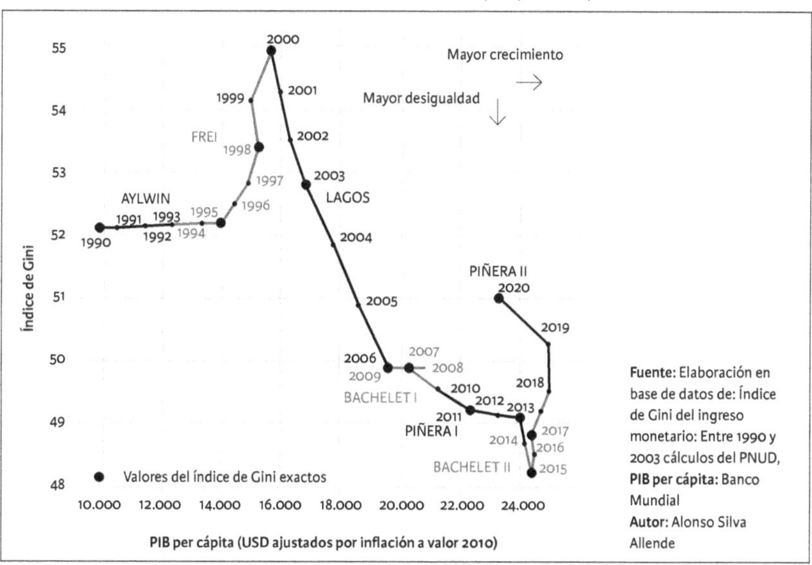

En este gráfico vemos cómo se combinan dos elementos. Por un lado, el crecimiento acelerado que está materializado en el aumento del ingreso por habitante. Graficado en la curva ascendente desde que asumió Patricio Aylwin en 1990, este indicador alcanzaba casi los US$10.000 por habitante para ir avanzando en los años siguientes y llegar a los US$24.000 por habitante en el segundo gobierno de la presidenta Michelle Bachelet. Pero entonces, ¿qué es lo que ocurrió con el Índice de Gini? Durante el gobierno del presidente Aylwin hubo un rápido crecimiento y este índice se mantuvo estable y, de hecho, tuvo un gran mérito porque logró que el ingreso fiscal pasara del 15% del PIB a casi un 20% del PIB, bajo la administración de su ministro de Hacienda, Alejandro Foxley.

Luego, cuando se inició mi período presidencial, constaté que el presidente Eduardo Frei había tenido un muy buen ritmo de crecimiento, no obstante lo cual el famoso Índice de Gini aumentó, es decir, se empeoró la distribución de ingreso. ¿Cuál fue la razón? Los salarios de la gran minería del cobre eran muy superiores al resto de los salarios de los chilenos, por lo que, pese al crecimiento económico, se incrementó el Índice de Gini, haciendo muy difícil reducir los niveles de pobreza.

Erradicación de campamentos

Mi administración comenzó bajo la premisa de que el solo crecimiento del ingreso per cápita no nos permitía seguir avanzando en derrotar la pobreza.

¿Qué hicimos? Plantear soluciones simples, pero eficaces, recurriendo al viejo esquema keynesiano: si tenemos una situación depresiva y queremos enfrentarlo, hagámoslo con obras de infraestructura. ¿Y por dónde partimos? Por erradicar los campamentos. Es decir, esta política pública de impulsar mayores obras de infraestructura iba de la mano con otro objetivo que teníamos en el horizonte: eliminar los campamentos.

Fue ahí cuando el Estado comenzó a construir directamente viviendas para sustituir a los campamentos, a través de un programa llamado "La vivienda social dinámica sin deuda". Es decir, la vivienda podía seguir creciendo porque no se pagaba dividendo. Esta iniciativa nos creó algunos problemas importantes con aquellas personas que adquirían viviendas sociales pagando dividendo, pero fue la manera que encontramos para empezar a erradicar los campamentos y pudimos avanzar enormemente sobre ese objetivo.

Acceso a la salud: Isapres y Fonasa

El segundo tema que nos planteamos fue el Acceso Universal con Garantías Explícitas en Salud, más conocido como el programa AUGE, que combinaba las dos instancias de financiamiento que tiene el sistema de salud: lo que hace el Estado en el ámbito público y lo que hace el sector privado a través de las Isapres. Esta propuesta produjo un gran debate respecto al rol de las Isapres porque algunos sostuvieron que era expropiatorio para ellas la realización del programa AUGE. Nuestro planteamiento fue que, tratándose de un acceso universal con garantías explícitas, tenía que ser un programa que abordara la globalidad del sistema de salud respecto de esas patologías y, en consecuencia, tenía que existir un solo fondo que abarcara tanto al sector de la salud pública como al de las Isapres. En consecuencia, gracias a este programa era posible garantizar el acceso universal con garantías explícitas a determinadas patologías que se establecían previamente.

Cuando pienso en lo importante que fueron las Isapres para el funcionamiento del AUGE, me resulta muy complejo pensar el debate que estamos sosteniendo hoy respecto a la subsistencia (y futura existencia) de estas entidades. Por esto mismo, ante los desafíos de Chile 2050 no podemos eludir las preguntas de cómo abordaremos el tema de las Isapres y cuál será su rol dentro del sistema de salud.

El proyecto inicial del AUGE contemplaba un fondo solidario que le permitiría funcionar y hacía equitativo el financiamiento de las patologías garantizadas. Sin embargo, pese a que este fondo fue aprobado en el primer trámite legislativo, nunca pasó a ser discutido en el Senado. Durante los seis años de mi período presidencial, había derecho a veto de determinados partidos en la Cámara Alta, que no eran precisamente partidarios de mi gobierno, por lo que goberné los seis años bajo su veto.

Todo esto, pese a que el AUGE era un programa que actuaba preferentemente en el sistema público, porque en el año 2000 solo el 8,6% de la población tenía 60 años. Eso, porque en Fonasa el 9% de los beneficiarios era un adulto mayor, mientras que en las Isapres lo era solo el 5%.

Así también sucedió cuando planteamos la necesidad de tener un seguro de desempleo. Me dijeron: “¡Qué gran idea! ¡Adelante con el seguro de desempleo!”, pero me pusieron una sola condición: que lo administre los privados. En todos los países del mundo este seguro lo administra el Estado, pero, bueno, la única manera de que pudiera existir en Chile era que lo manejaran los privados, lo que sucede hasta el día de hoy.

Volviendo al tema del sistema de salud, logramos que la cobertura de medicamentos fuera gratis si el programa estaba dentro del AUGE, al tiempo que se fortaleció el acceso a la atención primaria en los centros de salud pública. El impacto que tuvo la gratuidad de medicamentos vinculados a las patologías del AUGE representó un importante alivio para los bolsillos de las familias más modestas, en especial, en aquellas enfermedades más frecuentes como diabetes, hipotermia arterial y la depresión, entre otras. Hubo también un impacto sanitario. La ceguera por cataratas era una realidad en el año 2002 y hoy, prácticamente, no lo es porque está dentro del programa AUGE y puede ser operada.

Los efectos del AUGE son enormes y las formas en que ha progresado el país respecto a este tema también. Hoy lo importante es recoger el guante de lo ganado, fortalecerlo y seguir avanzando en esta dirección.

Derechos de los más pobres

En mi gobierno, para seguir avanzando en derrotar la pobreza, y considerando el impacto del AUGE, teníamos las condiciones para iniciar un tercer eje, relacionado ahora con el nivel de conocimiento que tienen las personas, porque cuando usted es pobre, no suele saber cuáles son sus derechos ni cómo ejercerlos.

A este respecto tuve una experiencia directa cuando fui ministro de Educación del presidente Aylwin y alguien me recomendó: “Vaya a los colegios y pida ver los baños, porque si los baños están bien, el colegio está bien y si están mal, el colegio está mal”. Me pareció una mirada bastante pragmática para entender el alcance de lo que estamos hablando. Un día llegué a un establecimiento en Tirúa y al entrar a la sala de Quinto Básico, encontré solo mujeres: “¿Dónde están los hombres?”, pregunté. “Se fueron a pescar con el papá, porque acá esa es la actividad profesional de todos”. Un mes después este mismo ministro fue a un colegio al campo y no estaban las mujeres: “¿Dónde están las mujeres?”, pregunté. “Se fueron a recolectar fruta con las mamás”. Esa era la realidad sobre la que debíamos trabajar.

Entonces, junto al ministro de Hacienda, Alejandro Foxley, creamos una beca de retención para que los escolares no dejaran sus estudios. Cuando llegué a la presidencia de la República -8 años después-, pregunté cómo iba la beca de retención y me contestaron que eran muy pocos los padres y apoderados que la ocupaban porque no la conocían y casi ninguna familia la pedía. Y fue ahí cuando nos empezamos a dar cuenta de que no solo basta con tener una política pública, sino que es fundamental difundirla para que pueda ser ejercida y aplicada.

En ese tiempo se realizaban unas cátedras presidenciales con los *think thank* de los distintos partidos políticos. En una de esas reuniones, planteé el problema de las 225 mil familias (equivalentes a 850 mil chilenos) que vivían bajo la línea de la pobreza. Sabíamos quiénes eran y dónde vivían. Entonces, me plantearon: "¿Tiene plata para darles un poco?". "Sí tengo", respondí. "Bueno mándale un cheque todos los meses", me propusieron. Otros dijeron: "Eso no es digno. ¿Por qué no les enseñamos los derechos que tienen?". Esta última propuesta me pareció adecuada y desarrollamos un programa para combatir la pobreza basado en la enseñanza de sus derechos y en cómo podían seguir progresando.

Así fue como implementamos un programa financiado por el Ministerio de Planificación y los municipios de Chile que, sin importar su color político, acompañaron durante cinco años el trabajo para que conocieran sus derechos, focalizado en estas 225.000 familias. El primero de ellos fue la Beca de Retención. Luego continuamos con programas de apoyo para terminar la enseñanza media, se estableció el carnet de identidad gratuito, lo que abrió las puertas para ingresar a Fonasa, primero, y luego a los centros de atención primaria. Eran pequeños pasos que abrían enormes puertas.

Liderazgo

No podemos dejar de hablar del contexto internacional en el que nos encontramos. Hoy, más que nunca el mundo funciona en bloques: en Europa los países ya no operan de manera individual, sino que lo hacen a partir de la Unión Europea. ¿Y Chile? ¿Qué es Chile por sí solo? Nada, pero inserto en América Latina sí lo es un poco más, aunque no hay que olvidar que la región representa solo el 9 % de la población mundial.

La clave está en cómo nos insertamos como región en este escenario internacional y hacer que nuestra voz influya. En este sentido, podemos aprovechar el vínculo que tenemos con la Unión Europea, para pensar en lineamientos conjuntos. Solo así podremos incidir en el mundo.

Creo que la posibilidad de coordinarnos hacia delante es en torno a tareas muy concretas sobre las cuales las discusiones deben darse de manera civilizada. Si queremos avanzar en asuntos que nos convoquen a todos, tiene que ser en torno a las tareas que estamos proponiendo y pensando.

La urgencia de los consensos: tareas concretas

Hoy estamos frente al enorme desafío de definir prioridades sobre cómo avanzamos hacia el 2050: ¿Cómo nos ponemos de acuerdo en lo que tenemos que hacer hacia delante?

Estamos en medio de una sociedad muy crispada en la que todos son dueños de la verdad. ¿Será posible avanzar de manera clara en torno a un conjunto de factores que depende de nosotros llevar a la práctica?

Además, estamos atravesando un cambio *epocal*, pasando desde la Revolución Industrial a la revolución digital. Los parámetros bajo los cuales nos guiábamos en el mundo de la Revolución Industrial estaban claros: lo importante era el dinero para comprar la máquina y tener el trabajador para hacerla andar; y sobre esa base teníamos la discusión de izquierdas y derechas. Pero en el mundo digital, ¿dónde están las derechas y las izquierdas? Es mucho más complejo. En el mundo digital el príncipe, el presidente o el primer ministro no tienen que esperar a la próxima elección para escuchar lo que la gente piensa. Hoy puede decir: "Si está de acuerdo con mi brillante idea marque 1; si no está de acuerdo, marque 2; si no quiere opinar, marque 3". Y así, en pocos minutos, se obtiene la respuesta.

En consecuencia, la pregunta entonces es: ¿Qué instituciones políticas que hoy no conocemos surgirán de este nuevo contexto? ¿Qué temas son los que nos interpelan como país para ponerlos sobre la mesa? Podría ser, por ejemplo, apurar la construcción del puente de Chacao, porque significa que incorporaremos a la isla grande de Chiloé al territorio de Chile continental y esto tendrá un impacto enorme en la forma de concebir al país. Otro tema que es relevante es que Chile tiene todas las condiciones para desarrollar hidrógeno verde, que es lo más cercano al cobre verde. La pregunta es: ¿Nos podremos poner de acuerdo para analizar las mejores maneras de explotar el hidrógeno? Y en este mismo escenario: ¿Podremos tener un entendimiento con nuestros vecinos -Perú, Bolivia y Argentina- para extraer de la mejor manera y establecer impuestos de extracción del litio a extranjeros? Podemos avanzar mucho más si lo hacemos juntos y, sobre todo, si seguimos la línea que propone el ministro de Relaciones

Exteriores para lograr un acuerdo transversal con todos los involucrados respecto a la extracción del hidrógeno y el litio.

Así, como estos, hay muchos otros temas en los cuales es fundamental el trabajo en colaboración, dejando de lado las discusiones ideológicas que nos tienen enfrentados unos a otros, porque así no se hace grande un país; eso es lo único que me queda claro.

Entonces, si el rector Ignacio Sánchez nos convoca, el exministro Felipe Larraín hace de maestro de ceremonia y propone cuáles son las prioridades a conversar, más allá de izquierdas y derechas, y en igualdad de condiciones, es indudable que las discusiones que tengamos serán muy relevantes y que en algún momento alcanzaremos un consenso dentro de las normas que se han estipulado, porque todos, más allá de nuestra postura política, queremos lo mejor para Chile.

Si somos capaces de establecer un ámbito de tareas concretas para desarrollar de aquí a los próximos 10 años, habremos dado un paso muy importante para el Chile que, entre todos, queremos construir.

CECILIA CIFUENTES H.
Directora del Centro de Estudios Financieros del ESE Business School de la Universidad de los Andes

Lo que más me preocupa respecto al desarrollo futuro: el capital humano y las políticas públicas sin nombre y apellido

Grande es el desafío de cómo vemos a Chile al 2050. Voy a partir recordando que el año pasado salió un estudio del Fondo Monetario Internacional (FMI), cuya conclusión principal es que el crecimiento de largo plazo de los países depende principalmente de las habilidades duras y habilidades blandas de las personas. Esa es la clave del éxito en el siglo XXI, el siglo del capital humano.

Lo anterior tiene algo que considero muy alentador, sobre todo pensando en la distribución del ingreso, porque los talentos se distribuyen en forma uniforme en toda la población. Si uno mira quiénes son los 10 principales millonarios del ranking Forbes y cuál es la causa de que sean millonarios: es su creatividad, porque han sabido resolver con ella necesidades muy importantes de las personas. Yo, todos los días le agradezco, por ejemplo, al creador de *Cornershop*, porque la verdad es que generó en mi propia vida un aumento de productividad muy importante.

Esto es algo muy esperanzador, en el sentido de que todos podemos ser en algún minuto creativos tecnológicos, sin importar cómo fueron nuestros padres, si tenían tierras o no tenían tierras, si tenían industrias o no tenían industrias. Este es un campo abierto a todos, donde Chile tiene un desafío enorme.

Mayor restricción

Creo que la principal traba que tenemos en este minuto para el crecimiento en Chile es la restricción de capital humano. Veo en forma positiva que esta debilidad en los determinantes de nuestro desarrollo futuro está cada vez más presente en la discusión, dado que los resultados de diversos test son crecientemente preocupantes. Un ejemplo muy ilustrativo es un estudio reciente de la OCDE sobre habilidades lingüísticas y matemáticas de adultos, en el cual nuestro país sale muy mal evaluado. Este es el desafío, precisamente, que tenemos que resolver: el desafío del capital humano.

Por muchos años hemos vivido preocupados de que el cobre deje de ser el sueldo de Chile, pero afortunadamente Dios nos regaló otros recursos naturales, de gran valor actualmente. Entonces, por el lado de los recursos naturales, de las materias primas o el potencial de crecimiento no veo el principal problema, sino que en el capital humano.

Y para esto la política de educación es muy importante, así como lo es el rol de las universidades, el rol del Estado, de los colegios y de los padres. Para avanzar es urgente cambiar el sistema de admisión a las universidades, porque las notas no están reflejando lo que los niños están aprendiendo. El NEM (Notas de Enseñanza Media) ha pasado a ser el principal objetivo del proceso educativo escolar, lo que es un problema importante en términos del desafío de mejorar el capital humano.

Mejores políticas públicas

Es también clave el rol de las políticas de capacitación. El presidente Lagos hablaba de buenas políticas públicas realizadas en su gobierno, y, porque aquí tenemos una muy deficiente política pública. Y lo grave es que esta es la única forma de mejorar el capital humano de aquellos que ya pasaron por una educación escolar de deficiente calidad.

Son también muy relevantes las políticas laborales, porque cuando hablamos de desigualdad y analizamos los datos del mercado laboral, vemos que los sectores de bajos ingresos no participan prácticamente del mercado laboral formal y que en el mercado laboral informal es muy difícil aumentar el capital humano. No veo cómo un vendedor de Súper 8 en la calle puede hacerse más productivo. Tenemos que buscar formalidad laboral, ya que las personas deben trabajar en empresas que les permitan crear redes y que les permitan ir aumentando sus habilidades.

En esto también es fundamental el rol de las empresas y las familias. Hace 40 años las empresas no tenían que tener una preocupación muy central por las familias de sus trabajadores porque normalmente las mamás estaban en la casa. Eso ya no es así y es muy bueno para la sociedad que mujeres y hombres puedan participar del mercado laboral y puedan desarrollarse. Pero tenemos que preocuparnos de los niños y las empresas ahí tienen un rol súper relevante en lo que se llama ahora la responsabilidad social empresarial. Deben preocuparse por lo que está pasando con las familias de la gente que trabaja con ellos. Esto tiene mucho que ver con flexibilidad y con otras políticas, por supuesto, pero también con un rol de la empresa en fomentar la corresponsabilidad de sus trabajadores.

Otro aspecto que quiero mencionar tiene que ver con un proyecto de historia económica que estoy trabajando y en el que me he dado cuenta que el siglo XX fue el período de las políticas públicas pensadas en grupos de interés. Hacíamos una política pública, como subir los impuestos, pero veíamos que eso perjudicaba a otro sector, y entonces era necesaria otra política para contrarrestar el efecto negativo de esa primera política. Así fuimos generando un set de políticas públicas discriminatorio, distorsionador, llenos de señales erróneas en términos de precios.

En un minuto eso cambió en Chile y empezamos a hacer políticas públicas creativas (y en esa materia el presidente Lagos dio muy buenos ejemplos), aunque creo que hemos tenido un deterioro creciente en este aspecto y lo voy a ejemplificar con dos temas que están ocurriendo en materia tributaria y en materia de salario mínimo. En materia tributaria, necesitamos recaudar más y sumamos impuestos, pero como vemos que perjudica a algunos, se hace una regla especial para unos y una regla especial para otros y terminamos con un sistema tributario en que la elusión y la evasión se facilitan por lo complejo que es el sistema. Y con el reciente aumento del salario mínimo nuevamente caemos en la misma lógica. Volvamos a la idea de políticas públicas con reglas claras, simples y parejas para todos, creo que hemos retrocedido en este tema.

Entonces, ¿cómo resolver problemas sociales en forma creativa y directa? Apuntando a los dos elementos que describí y que más me preocupan respecto a este desarrollo futuro: el capital humano, donde el tema de la educación es clave y, segundo, tener un enfoque más de largo plazo, sin políticas públicas "con nombre y apellido", ya que estas fueron una de las causas de que el siglo XX fuera tan malo en términos de crecimiento para Chile.

JOSEPH RAMOS Q.
Profesor titular de Economía
Universidad de Chile

Chile goza de una gran ventaja: es un país de desarrollo tardío, que puede avanzar sobre la base de la imitación inteligente

Por razones de tiempo me dedicaré a un solo aspecto de la provocativa ponencia del presidente Ricardo Lagos: el tema del crecimiento.

Hay dos futuros posibles: si seguimos creciendo con el PIB Tendencial que el Banco Central proyecta para los próximos 10 años, de 1,2% al año per cápita, no alcanzaremos el nivel de vida de un país medio de Europa occidental, como España, sino en el 2053. En cambio, si crecemos a 3% per cápita alcanzaremos el nivel de España en el 2035 y estaremos a nivel de Suecia, 50% superior, en el 2050.

Esto es posible, pero, ¿cómo?

Aparte de los beneficios del litio y del hidrógeno verde, que señaló el presidente, Chile goza de una gran ventaja: es un país de desarrollo tardío, que puede avanzar sobre la base de la imitación inteligente de las mejores tecnologías y prácticas disponibles internacionalmente. Puesto de otro modo: si un país en la frontera tecnológica como Estados Unidos aumenta su productividad en 1% al año, la productividad de Chile podría aumentar 2% al año debido a la copia tecnológica.

Voy a esbozar seis ideas concretas de cómo alcanzar ese crecimiento de 3% per cápita.

Primero: imitación de mejores prácticas

Podemos imitar la parte menos conocida del Plan Marshall: el programa de asistencia técnica que consistió en enviar decenas de miles de ingenieros y empresarios de Europa, para la reconstrucción, a visitar fábricas con las mejores prácticas en Estados Unidos por seis semanas. A raíz de esas visitas y con la misma inversión contemplada, aumentaron su productividad en 30%.

Entonces, propongo que Chile persiga una política similar, es decir, la búsqueda masiva y sistemática de las mejores prácticas y tecnologías por medio del cofinanciamiento de visitas de cinco mil empresarios e ingenieros al año a las mejores fábricas de Estados Unidos, Europa o Japón por tres semanas. ¿Por qué cinco mil? Porque eso es más o menos el 5% de las empresas, que no son microempresas del país, lo que puede "mover la aguja".

Si aumentamos la productividad como en el Plan Marshall, esa sola medida podría incrementar nuestro crecimiento en 1,5% al año Y el costo de esta medida es trivial, de unos US$50 millones, menos de 0,5% de lo que gastamos en ciencia y tecnología cada año.

Segundo: mejor educación

Comparto la preocupación por el capital humano. Necesitamos dar un salto cualitativo en la educación mediocre que recibe hoy el 85% de los jóvenes de este país que no van a colegios particulares ni a los liceos antiguamente emblemáticos, ni a los bicentenarios. Es un crimen no brindarles a todos una educación de calidad.

Para ello propongo: profesores de calidad, que sean del primer cuartil de la prueba de ingreso a las universidades. ¿Cómo se consigue eso? Pagando sueldos similares a ingenieros comerciales. Eso significa un aumento salarial del orden de 50%, un punto del PIB. A cambio, los profesores se regirían por el Código del Trabajo del sector privado para que se pueda despedir con cierta facilidad a los poco aptos y no como es en la actualidad.

Además, se debe vincular la subvención escolar a los resultados académicos de los alumnos, a cuántos alumnos aprueban el examen nacional de nivel a fin de año, y no como hoy, por cuántos alumnos calientan el pupitre.

Tercero: extender la educación obligatoria

Quiero adelantar otra idea en este ámbito del capital humano. Chile está maduro para que la educación obligatoria no culmine en la Enseñanza Media. Un 30% de nuestros jóvenes egresan de la media y van directamente al mercado laboral, el otro 70% va a estudios superiores. La gran mayoría de ese 30% que no sigue estudios superiores carece de las competencias básicas de un oficio. Para corregir esto, propongo que se les agregue un año más de educación obligatoria a estos jóvenes en un Centro de Formación Técnica.

Se considera que seis meses (400 horas) son necesarios para adquirir las competencias básicas de un oficio y luego otros seis meses para la práctica. Esto aumentará el piso salarial al menos en 20%, porque los actuales, que no tienen oficio, ganan poco más que el salario mínimo. Al elevar así el piso de la distribución del ingreso se reduciría la diferencia entre el quintil más rico y el quintil más pobre del 11 a 1 actual a 9 a 1. O sea, la idea es invertir una frase muy famosa: tenemos que "darle patines a los que no los tienen".

Cuarto: simplificar la *permisología*

Es necesaria una reforma o modernización del Estado. Sabemos que Chile adolece del tema de *permisología*. Se requieren más de cinco años para aprobar todos los trámites para sacar adelante una importante inversión, mientras que en Australia son tres. Esos dos años de diferencia es pura ineficiencia chilena, porque en Australia son tanto o más exigentes que nosotros en asuntos medioambientales y seguridad laboral.

Al respecto, la Comisión Nacional de Productividad ha propuesto 75 medidas bien concretas, 52 de las cuales no requieren cambios legales sino solo reglamentarios. Así también es vital que la Contraloría vaya migrando de controles de procesos *ex ante* a controles *ex post*: que buena parte de las operaciones menos riesgosas y menos costosas sean en tomas de razón *ex post*, después de los hechos.

Quinto: modernizar al empleo público

Para promover que haya una mejora continua en los funcionarios públicos, propongo que se aplique el sistema que tienen las Fuerzas Armadas: nadie puede permanecer indefinidamente en un escalafón. Si no ascienden en un plazo determinado, deben salir de la institución. Como hay menos puestos altos que puestos bajos, ese embudo asegura que los que permanecen son los mejores, los que se esfuerzan más, y van saliendo los que son menos aptos.

Sexto: mejorar la calidad de los servicios públicos

Para asegurar una presión fuerte y persistente para mejorar los servicios públicos, propongo que sea condición necesaria para ser Presidente de la República, ministro de Estado, senador o diputado, que estas personas y sus familias se atiendan exclusivamente en Fonasa y que sus hijos asistan a liceos municipales no emblemáticos. Una aclaración: esto no es para castigar a los políticos, la idea es que creo que con esto se asegurará una presión fuerte y persistente para mejorar los servicios públicos.

JEANNETTE VON WOLFERSDORFF
Cofundadora del Observatorio Fiscal, escritora y Consejera CFA

Tenemos que ponernos de acuerdo hacia dónde queremos ir, cuál es la visión del país y cómo enfrentarla de forma sistémica

Siempre es interesante e inspirador escuchar al presidente Ricardo Lagos.

¿Cómo puede Chile aspirar a estar BIEN y MEJOR en 2050? Ante todo, y para ojalá proyectarnos bien hacia un 2050 mejor de lo que estamos hoy, quiero mencionar tres puntos:

Primero, actualmente los problemas que tenemos son más complejos que antes. Nuestros desafíos son, además, sistémicos, por tanto, tenemos que enfrentarlos con una visión sistémica de largo plazo, lo que implica ante todo que tenemos que ponernos de acuerdo hacia dónde queremos ir, cuál es la visión del país -que hoy no está clara- y cómo avanzar hacia esta visión, de forma sistémica.

Dos, el cerebro del ser humano, lamentablemente, está cableado para el corto plazo. Debemos tener claro que el ser humano no está diseñado ni educado para pensar sistémicamente y en el largo plazo. Eso implica que tenemos en principio un pensamiento más bien lineal: problema-solución, problema-solución, lo que lleva en su conjunto a un *Frankenstein* de políticas públicas que se contradicen, que no son consistentes, que no apuntan a lo mismo, que no tienen sinergias y además no son parte de una visión de sistema.

Tres, dado este sesgo de cortoplacismo que tiene el ser humano y teniendo el objetivo de mantener nuestro sistema sociopolítico y económico viables, tenemos que reconocer primero que los principales problemas de hoy son partes de "sistemas complejos" que hemos creado nosotros.

Para buscar una mejor gobernanza de estos sistemas complejos, deberíamos entonces reconocer también el vasto conocimiento ya creado desde hace décadas sobre la gestión y la viabilidad de sistemas complejos. La creación de computadores y también de la inteligencia artificial se basa en este conocimiento, pero no lo aplicamos para mejorar nuestra organización humana, en el sentido de fortalecer nuestra democracia y la regulación de nuestros mercados.

Falta conciencia sistémica

Hoy, la biología evolutiva, la neurociencia y la psicología nos muestran y confirman que nuestro cerebro está esencialmente programado para reaccionar en base a información (no compleja), para sobrevivir en el corto plazo. "Podemos esquivar una pelota de béisbol en milisegundos", destaca p. e. Daniel Gilbert, profesor de psicología de la Universidad de Harvard. Lidiamos bien con el aquí y ahora, pero solemos prestar menor atención a cosas tan lentas como el cambio climático, o -quiero agregar- a aspectos tan complejos como una reforma al sistema de salud, o al sistema del capitalismo con sus desafíos en materia de competencia, concentración económica y sostenibilidad.

Dentro de estos distintos sistemas creados por nosotros -generalmente sin consciencia sistémica-, probablemente más del 90% de los problemas que existen son sistémicos y no puntuales, ni relacionados con una persona en específico, como constató una vez el matemático y experto en gestión, William Edwards Deming (1986).

Podemos recordar también el libro del experto climático George Marshall con el título *Ni siquiera pienses en ello*, en el cual elabora cómo nuestros cerebros están cableados para ignorar algo como el cambio climático. Como afirma Marshall, generalmente no tenemos consciencia acerca de los desafíos sistémicos y de largo plazo e incluso cuando somos conscientes de un desafío que es sistémico y de largo plazo, como el cambio climático, la pérdida de biodiversidad en el planeta o la reforma del sistema de salud en Chile, en el hecho tendemos a ser pasivos, o excesivamente lentos para buscar soluciones reales.

Pienso que ello se explica principalmente a raíz de dos razones:

Una, cuando un sistema presenta fallas, generalmente no "hay enemigos" tan claros, o personas contra quienes uno tendría que competir y ganar.

Y es justo eso lo que nos ha movido en nuestra evolución humana en el pasado: la competencia al lado de la cooperación. Avanzar contra el cambio climático será, entonces, más factible si este fuera causado por una identidad más clara: algún partido, algún empresario o alguna agrupación de la sociedad. Pero es duro enfrentarlo cuando todos somos algo responsables.

Dos, en sistemas complejos las respectivas soluciones tienden a ser más difíciles o más lentas y complejas de implementar. La gestión en sistemas complejos, además, deberá ocurrir de forma más iterativa -llegando al resultado mediante aproximaciones sucesivas, más que mediante una ley, por ejemplo-. Significa entonces que no vamos a encontrar "la" solución, ni menos lo vamos a hacer "mañana", porque los sistemas complejos requieren otra forma de aproximación.

En resumen: en Chile, los problemas principales de hoy son sistémicos y requieren respuestas sistémicas, sea para reformar los sistemas de salud y pensiones, sea para reformar el Estado (su gasto, su política de empleo y sus datos), o sea para reformar nuestro mercado, para que sea más competitivo, sostenible y mucho más transparente, incluyendo la transparencia sobre los beneficiarios finales de empresas.

Trabajar en una "meta-reforma"

Aspirar a proyectarnos bien hacia el futuro en Chile requiere emprender estas reformas sistémicas, pero, sobre todo, requiere de una "meta-reforma" que implicaría redefinir en sí el proceso en que continuamente abordamos las reformas a los sistemas en Chile. Para que estas reformas se hagan, deben hacerse de forma más oportuna; con más conocimiento; en relación con las definiciones del Congreso y el gobierno, pero a la vez más alejadas del juego de poder que caracteriza a estos poderes; y de forma más iterativa, consensuada y debatida en el ámbito técnico.

Pensar en cómo lograr un debate más profundo y colegiado en el ámbito técnico es de creciente importancia para encontrar soluciones complejas que permitan proyectarnos bien hacia el futuro y para evitar que ocurra lo contrario: la manipulación de sociedades usando las nuevas tecnologías y la inteligencia artificial. El debate sesgado que resulta de esto último deberá contrapesarse a través de un mayor diálogo -y vía procesos más complejos- lo que no ocurre por sí solo, sino que requiere de la creación de espacios para ello.

Sería un cambio de paradigma entender los problemas nuestros no como problemas aislados, sino como partes de sistemas complejos. Tomar el peso de ello implicaría ajustar nuestra arquitectura institucional y crear nuevas instituciones especializadas, tales como:

a) Una institucionalidad diferente (autónoma, especializada y colegiada) para facilitar las reformas complejas que requiere el Estado (dado que el Estado no se autorregula bien).

b) Una institucionalidad diferente (autónoma, especializada y colegiada) para las reformas complejas que requiere el mercado (dado que el mercado no se autorregula bien, y es imposible regular bien desde las instituciones sujetas al juego de poder).

c) Una institucionalidad diferente (autónoma, especializada y colegiada) para las políticas sectoriales más complejas y de largo plazo (como salud y pensiones).

Sin ello, y de seguir abordando de forma aislada -y lineal- problemas que son sistémicos y complejos, ningún desafío se solucionará bien. Más bien sería, usando una metáfora del novelista alemán Herrendorf, un poco como tirarle desde un barco una lata de *red bull* a un náufrago, en vez de rescatarlo y quizás incluso ir creando una política de rescate.

“Necesitamos que se priorice una mirada país, estratégica, de largo plazo, porque necesitamos políticas de Estado, no solamente de un gobierno para cuatro años”

MICHELLE BACHELET J.
Expresidenta de la República
(2006-2010 y 2014-2018)

Debemos repensar nuestro modelo de desarrollo para que no sea causa de nuestro rezago y de nuestra vulnerabilidad

Si bien la invitación que nos hicieron desde Clapes UC es a hablar del futuro, de los próximos 30 años en nuestro país, no podemos hacerlo sin referirnos, aunque sea brevemente, al presente y el pasado. Porque estamos a pocos días de conmemorar los 50 años del golpe de Estado, y estas últimas semanas no han estado exentas de discusiones públicas a las que hay que poner atención.

Hay quienes niegan ciertos hechos ocurridos o los relativizan. Si bien puede haber diferentes opiniones políticas, existen ciertos límites que no deben traspasarse. Y uno de esos límites es la verdad de los hechos comprobados y la memoria histórica que surge de ellos. Porque cuando no hay memoria, los pueblos muchas veces están condenados a repetir las páginas más tristes de su historia. Por eso, es tan importante ser consecuentes con las lecciones del pasado.

Necesitamos que la gente sepa lo que pasó, y dialogar sobre ello, para que podamos cuidarnos como sociedad. Porque no podemos olvidar que alrededor del 70% de las chilenas y chilenos nació después del golpe de Estado. Y hoy hay quienes no creen que una democracia sea mejor que una dictadura, o piensan que pueden arreglarse los problemas de la democracia con métodos no democráticos.

No podemos pasar por alto esas señales. Como chilenas y chilenos no podemos volver a permitir que eso ocurra en nuestro país. Un golpe de Estado no arregla una democracia en problemas, ni el atropello a los derechos humanos produce un orden civilizado. El respeto y la promoción de los derechos humanos como valor absoluto y el diálogo democrático de nuestras diferencias es la única forma de convivencia digna de los seres humanos.

Debemos dialogar sobre nuestros aciertos y errores como sociedad. Chile tiene una larga e intensa historia social de progresos y retrocesos, de trabajo común y de divisiones. Es importante valorar y reconocer nuestras experiencias, fortalecer aquello que nos ha hecho un buen país, reconocer con humildad lo que nos falta, y tomar de esa historia la voluntad para soñar y construir un futuro en común hacia 2050.

Hay que avanzar en revitalizar la política

Y, precisamente, porque somos demócratas debemos ser realistas respecto de cómo conversar sobre qué queremos ser como país en los próximos 30 años. Tenemos diferencias y puntos controversiales en nuestras ideas sobre el Chile futuro. Ese es el hecho real. Y no es un defecto, sino una riqueza democrática. Pero tenemos que saber procesarla. Lo complicado sería pensar que podemos crear un consenso-país sin fisuras ni disensos. Esa ilusión nos impide valorar la democracia en su potencia creadora. Por eso, si el primer paso para conversar sobre el futuro es dialogar sobre nuestras experiencias históricas, el segundo paso es fortalecer nuestra convicción y nuestras prácticas democráticas.

Por eso, debemos hablar también sobre revitalizar la política; necesitamos que las personas vuelvan a creer en la política y a creer que es necesaria, porque es a través de esta que podremos resolver los problemas nacionales. Y en este campo son varias las tareas urgentes. Necesitamos volver a darle dignidad a lo que se dice en el foro político. Necesitamos que las palabras de la política sean creíbles. Es necesario que se cumplan las expectativas, que las y los políticos cumplan lo que prometen y, si no van a poder cumplirlo –ya sea porque surgen imprevistos o porque no hay recursos–, es necesario hablar con franqueza al país por qué no se podrá.

Y la palabra política debe ser también respetuosa. La descalificación, la ofensa, las *fake news* pueden llamar la atención de las audiencias y generar *rating* por un rato, pero debilitan permanentemente la confianza ciudadana en la seriedad del diálogo político. Sin cuidar las palabras que se pronuncian en público es difícil revertir la desafección de la ciudadanía hacia la política, hacia las instituciones, hacia los partidos.

El mundo de la política también debe leer mejor y entender mejor lo que le está pasando a la sociedad chilena, para así poder conectar mejor con las personas, con sus emocionalidades y con los temas que hoy les importan. Chile ha cambiado mucho. No solo en sus realidades materiales, sino sobre todo en la subjetividad y actitudes de sus ciudadanos y ciudadanas. Tenemos que comprender esas nuevas realidades y percepciones, para responder a sus demandas, pero también para convocar y comprometer a los chilenos y chilenas con el desarrollo del país y de su democracia.

No basta con el esfuerzo individual

Tenemos también el desafío de ampliar la mirada y considerar los desafíos de largo plazo. Necesitamos que quienes están en política piensen en el país y no piensen en sí mismos y sus intereses electorales de corto plazo. Necesitamos que se priorice una mirada país, estratégica, de largo plazo, porque necesitamos políticas de Estado, no solamente de un gobierno para cuatro años.

Tal vez una de las tareas más importantes, y que requerirá mucha persistencia y colaboración es reconstruir nuestro tejido social. Los estudios lo muestran: nuestros vínculos sociales están irritados, nuestras confianzas erosionadas, nuestras seguridades debilitadas. Sin vínculos sociales de calidad el futuro es adverso, pues ellos son el capital básico que nos permite actuar juntos.

Pero muchas veces hemos avanzado en la dirección contraria. Partiendo por esa herencia negativa del modelo y las prácticas cotidianas instauradas por la dictadura, que es la pérdida del sentido de lo colectivo y la exacerbación de un individualismo ficticio. Es algo contra lo que hemos debido luchar y contra lo que debemos seguir luchando. Porque el esfuerzo individual no basta para que las personas tengan la calidad de vida que merecen. La responsabilidad de nuestra sociedad es cuidarnos y apoyarnos los unos a los otros. Debemos promover un modo de convivencia en el que entendamos que nadie puede hacer todo por sí solo, y que el buen orden no surgirá de la simple suma de las preferencias individuales. Un nosotros compartido surgirá del deseo de las mayorías de ser con otros, de construir con otros, de disfrutar con otros. Y ese deseo debe ser canalizado por la deliberación democrática, por la solidaridad institucionalizada, por las tramas de la sociedad civil.

Un buen complemento: crecimiento y solidaridad

La dictadura también dejó una gran desigualdad económica en nuestro país. Las políticas implementadas favorecieron la capitalización de las grandes empresas, pero debilitaron los servicios y bienes públicos, dejando a muchos chilenos y chilenas sin acceso a recursos básicos como la educación y la salud. En esto se avanzó durante los gobiernos tras el retorno a la democracia, pero sigue siendo uno de los problemas que debemos enfrentar en Chile hoy en día.

Sabemos que el crecimiento es una palanca básica para la reducción de la desigualdad económica; pero ello no basta, pues se requiere corregir los efectos concentradores de los mercados con políticas de solidaridad y redistribución. Crecimiento y solidaridad no se oponen. La experiencia de los países desarrollados muestra que se complementan. Y ambos, juntos, fortalecen la cohesión social. Esa triada virtuosa es una de las tareas pendientes que tenemos y que serán claves para nuestro futuro.

Otro de los desafíos pendientes y urgentes es abordar los problemas de seguridad pública. Sin seguridad humana concreta es imposible que florezca la vida en común. Pero tampoco florecerá con simple mano dura, populismo penal o autoritarismo. Esto debe hacerse con un enfoque respetuoso de los derechos humanos y sin estigmatizar a ningún grupo de personas. Pese a las dificultades que enfrentamos como sociedad, no podemos permitir que el miedo y la desconfianza nos dividan aún más. Y el actual gobierno está intentando avanzar en esta materia, poniendo más recursos, fortaleciendo a las policías, dotándolas y equipándolas mejor, trabajando de manera colaborativa con la Fiscalía, mejorando la inteligencia. No es fácil, pero es esencial avanzar en esto, todos debemos colaborar de buena fe.

Tampoco me quiero olvidar de señalar que es imperativo reconocer que la desigualdad de género no es solo una cuestión de justicia social, sino también un desafío económico y de desarrollo para nuestro país. A lo largo de mi carrera y vida personal, he sido testigo de las múltiples facetas de esta desigualdad. Para Chile, y para cualquier nación que aspire a un desarrollo integral, es esencial que mujeres y hombres tengan las mismas oportunidades, derechos y posibilidades. Solo al hacerlo, podremos liberar todo el potencial humano disponible y asegurar un futuro más próspero y justo para todos.

La academia tiene un papel crucial en esta lucha, proporcionando investigación y evidencia que pueda informar y guiar políticas públicas efectivas para abordar estas disparidades.

Un desafío global: el cambio climático

Los desafíos inmediatos de la convivencia y la democracia en Chile deben ponerse en el contexto de los desafíos globales. Porque ellos afectan a nuestras posibilidades nacionales y porque tenemos responsabilidades internacionales. A nivel global tenemos un desafío que es quizás el más grande y el más importante: la triple crisis planetaria, que consiste en el cambio climático, la contaminación y la pérdida de biodiversidad. Como país nos ha tocado enfrentar sus estragos en el último tiempo, con la sequía, los incendios forestales y las inundaciones. Este es un desafío a nivel científico, político, económico y también cultural.

Aunque la región de América Latina es responsable solo del 8% de las emisiones mundiales, vemos sus efectos en nuestra vida cotidiana. Y cada día que pasa, nuestras demoras y la inacción en hacernos cargo de esta crisis nos acercan a una catástrofe global. Necesitamos acciones concretas en esta materia, porque son cruciales para nuestra propia supervivencia. Se trata de proteger cosas tan básicas y esenciales para la vida como el aire que respiramos, el agua que bebemos y la comida con la que nos alimentamos. Ni el Estado, ni las empresas, ni la ciudadanía, individualmente, van a poder ofrecer soluciones a esta crisis, sino que debe ser en un trabajo conjunto.

El economista francés Thomas Piketty, en su libro *Una breve historia de la igualdad* (2021), al hablar sobre "las próximas oleadas de señales importantes, como incendios y catástrofes naturales", plantea que ojalá fueran "suficientes para desencadenar una sana conciencia pública sobre el cambio climático y legitimar nuestra profunda transformación del sistema económico, incluidas nuevas formas de intervención por parte de las autoridades públicas, como lo hizo la crisis de los años 1930".

Un crecimiento innovador, sostenible e inclusivo

En el caso de Chile, en particular, es nuestro modelo de desarrollo el que debemos repensar para que no sea causa de nuestro rezago y de nuestra vulnerabilidad, pues está muy concentrado en torno a la exportación de materias primas. Debemos avanzar hacia una matriz más compleja, inserta en el mundo, pero agregando valor basado en el desarrollo de capacidades humanas, en el respeto del medioambiente y en el cuidado de la cohesión social. Allí debiera estar nuestra fortaleza para enfrentar las nuevas amenazas globales, pero también para captar las nuevas oportunidades de la sociedad del conocimiento y de la economía digital.

El crecimiento económico ha sido, es y será indispensable para el bienestar de un país y su población, pero no cualquier manera de crecer. Debe ser innovador, sostenible e inclusivo. La productividad que ha estado estancada en nuestro país, es clave en esta materia, pero también lo son las barreras medioambientales.

Una economía global más verde debiera aumentar la demanda de productos chilenos como el cobre, el litio o el hidrógeno verde. Tenemos una ventana de oportunidad única para nuestro desarrollo y para aprovecharla se requieren capitales, pero no solo económicos, también sociales, institucionales, medioambientales, culturales. Hoy hay muchas compañías, grandes y pequeñas, tradicionales e innovadoras, que están haciendo esfuerzos por ampliar su idea de los negocios e integrar su relación con la sociedad y con el medioambiente como parte esencial de ellos. Es un esfuerzo que debemos sostener y potenciar.

En este sentido, hay dos elementos que quiero destacar que deben ser abordados por el país y que lo están siendo por parte del actual gobierno, con miras al futuro: la política del litio y el hidrógeno verde.

Las exportaciones de litio están en auge, y Chile lidera en reservas y está entre los mayores productores a nivel internacional. El litio tiene potencial para generar avances significativos en diversos campos, porque es una fuente de energía versátil y valiosa, con múltiples aplicaciones en baterías de almacenamiento, vehículos eléctricos, energías renovables y tecnologías innovadoras. Así, nos entrega una oportunidad de construir un mundo más limpio, eficiente y respetuoso con el medioambiente.

Ya en el año 2014, cuando comenzó mi segundo gobierno, establecimos la Comisión Nacional del Litio con el propósito de proponer una política de Estado destinada al desarrollo de este mineral. Fue una instancia transversal y técnica que entregó amplios acuerdos, que tienen continuidad en la propuesta actual de la Estrategia Nacional del Litio.

En este plan se reafirma el carácter estratégico del litio y se recomienda mantener su carácter no concesible; se busca fortalecer el rol del Estado en su explotación y generar asociaciones público-privadas que puedan maximizar el valor agregado y la rentabilidad social. También se propone fortalecer la institucionalidad pública relacionada con los salares y crear una empresa estatal para su aprovechamiento.

El desarrollo de la industria será liderado por el Estado e involucrará al sector privado en todo el proceso productivo, con asociaciones público-privadas para desarrollar en empresas conjuntas, velando por altos estándares socioambientales, de transparencia, y de libre competencia. En concreto, se trata no solo de generar rentas atractivas para el país, sino de asegurar que ello redunde en la creación de valor público en todos sus procesos. Esto supone asegurar una visión estratégica de largo plazo en todo el ciclo productivo, desde la exploración hasta la agregación de valor, además de regulaciones claras que permitan asegurar la sostenibilidad y la reinversión en el desarrollo del país. Parte de ese valor público es crear un entorno para el desarrollo de empresas privadas innovadoras, competitivas y socialmente responsables.

Esta estrategia refleja que podemos trabajar en conjunto con privados que tengan conocimiento del mercado y cuenten con la tecnología, para que vengan a Chile y construyamos una industria sostenible y que dé garantías, porque esta política comprende que la pura extracción de rentas no es un proyecto sostenible en el largo plazo.

Debemos escuchar a los expertos que nos dicen que es importante actuar con urgencia en esta materia, porque si bien hay una alta demanda en el mundo y precios elevados, debemos recordar que este mineral no está solo en nuestro territorio.

Una industria del litio bien gestionada y sostenible puede generar empleo, impulsar la investigación y la innovación. El litio, además, nos brinda una oportunidad para repensar nuestro modelo energético y abrir las puertas a una sociedad más consciente y comprometida con la preservación del planeta. Aprovechar este recurso de manera responsable y equitativa puede ser el punto de partida para forjar un futuro en el que el progreso y la sostenibilidad vayan de la mano.

El otro elemento que quiero destacar es el hidrógeno verde. Chile tiene ventajas únicas para generar energías renovables, que son energías mucho más limpias: en el norte tenemos el Desierto de Atacama, que brinda el mayor potencial fotovoltaico del planeta; y en el sur, nuestra Patagonia tiene vientos fuertes y constantes. Esto nos permitiría posicionarnos como uno de los productores más competitivos a nivel mundial.

Según estimaciones de las autoridades, para 2050, el hidrógeno verde generará inversiones en el país por valor de US$ 330.000 millones, y exportaciones valoradas en US$ 30.000 millones al año, por eso es importante que hoy estemos priorizando el desarrollo de esta industria.

Nuestro país está comprometido a enfrentar el cambio climático realizando transformaciones significativas en nuestra matriz energética. La capacidad instalada renovable chilena ya tiene un gran potencial para convertirse en la principal productora de electricidad del país y hay que seguir avanzando en este sentido. El hidrógeno verde y sus derivados son un pilar fundamental para impulsar y materializar la descarbonización de nuestra matriz productiva. De hecho, las principales emisiones de gases de efecto invernadero provienen del sector energético en particular por la producción y consumo de combustibles fósiles. En el caso de Chile, representa el 77% de las emisiones totales del país. Esto refuerza la necesidad de descarbonizar la economía y esto incidirá positivamente también en el necesario crecimiento económico.

El Plan de Acción de Hidrógeno Verde pretende definir una hoja de ruta entre 2023 y 2030 que permita el despliegue de una industria sostenible del hidrógeno verde y sus derivados en Chile, a través de acciones coordinadas entre las distintas carteras de Gobierno, sus organismos y las iniciativas regionales y locales.

Yo estoy participando en el Comité Estratégico para el plan del Hidrógeno Verde, que es muy variopinto en su conformación con personas de distintos sectores políticos, del mundo de la academia y la ciencia, y de distintas regiones. Juntos buscaremos proponer orientaciones a las políticas en esta materia. La misión es construir acuerdos que nos permitan preparar a Chile para dinamizar la economía local, a la vez que entregar empleos de calidad, desarrollar capacidades tecnológicas nuevas y proteger nuestra biodiversidad.

Productividad y educación

Finalmente, en la base de todos nuestros esfuerzos de desarrollo tenemos un desafío pendiente hace años en nuestro país: aumentar la productividad de nuestra economía. En mi segundo gobierno avanzamos en esta materia creando una Comisión Nacional de Productividad que en ese entonces fue liderada por Joseph Ramos y que se estableció como permanente.

En la época avanzamos otorgando financiamiento, simplificando ciertos trámites, impulsando la exportación de servicios y generando una evaluación de impacto de productividad que acompañaba los proyectos de ley que enviábamos al Congreso.

Pese a que los diagnósticos están claros, aún nos falta avanzar en esta materia para poder dar pasos con impacto concreto y avanzar hacia el anhelado desarrollo. De la mano de la productividad debemos configurar una economía inclusiva y con equidad, que fortalezca nuestra cohesión social y que sea pilar de una sociedad más justa.

Necesitamos que las familias chilenas puedan confiar en la educación pública y su calidad, para que esta le permita a las y los estudiantes acceder a la educación superior, gracias a la política de gratuidad que impulsamos durante mi segundo gobierno.

Las universidades son claves a la hora de entregarle las herramientas a las y los jóvenes para ser profesionales de excelencia que puedan desempeñarse en los distintos roles que necesitamos en nuestra sociedad para avanzar al desarrollo.

Las universidades son espacios sociales inclusivos, que albergan una diversidad de grupos e individuos con trayectorias vitales muy distintas y esto es especialmente importante en un contexto de sociedad altamente segregada y de debilitamiento de otros espacios de socialización y formación para la democracia.

La universidad aparece como un espacio relevante para construir en las nuevas generaciones esas formas de vínculo y esos cimientos de posibilidad de una sociedad dialogante, diversa, plural y que al mismo tiempo se reconoce como parte de un proyecto común.

Es necesario repensar el vínculo de las universidades con los territorios, trabajar más activamente con egresados y egresadas, con la sociedad civil, desarrollar espacios de educación continua y la incorporación activa de una perspectiva de sustentabilidad medioambiental y de igualdad de género en todo su quehacer.

Hay un aspecto del que mucho se está hablando en estos días en que las universidades son clave para su desarrollo: la inteligencia artificial, que puede generar cosas fantásticas, pero también puede tener enormes riesgos de los que debemos hacernos cargo. Porque quienes diseñan elementos con inteligencia artificial deben ser conscientes de sus sesgos y de los potenciales usos de lo que están creando.

La inteligencia artificial ya forma parte de nuestras vidas: los sistemas de inteligencia artificial se utilizan para determinar quién obtiene servicios públicos, decidir quién tiene la oportunidad de ser contratado para un trabajo y, por cierto, afectan la información que la gente ve y puede compartir en línea. El riesgo de discriminación vinculado a las decisiones impulsadas por la inteligencia artificial hace necesario que haya una evaluación y un seguimiento sistemáticos de los efectos de los sistemas para identificar y mitigar los riesgos para los derechos humanos y que limitemos su uso para que no invada nuestra privacidad.

Quisiera resaltar la imperativa necesidad de invertir en la investigación universitaria. Las universidades no son solo centros de enseñanza, sino también viveros de innovación y progreso. Sin una inversión decidida en investigación, corremos el riesgo de quedarnos atrás en un mundo en constante evolución. Más allá de la formación académica, es el rigor y la curiosidad de la investigación lo que nos permite enfrentar y resolver desafíos emergentes, crear tecnologías de punta y diseñar políticas públicas bien fundamentadas. Invertir en investigación no es solo una cuestión de destinar fondos, sino una declaración de intenciones sobre el futuro que deseamos para Chile: un país a la vanguardia, resiliente y preparado para las demandas del mañana. Las universidades son cruciales en esta misión, pero requieren del apoyo, tanto público como privado, para continuar siendo pilares del desarrollo y la innovación en nuestra nación.

Dialoguemos y aprendamos de las lecciones de nuestro país en estos 30 años para avanzar hacia los próximos 30. Debemos trabajar para construir un futuro más justo para todos y todas. Al alero de las discusiones que hemos visto estos días, quizás nuestra tarea más importante sea cuidar nuestra democracia, el valor de nuestras palabras públicas, el respeto mutuo. Porque, aunque no es un sistema perfecto, la democracia es el mejor sistema que tenemos para resolver nuestras diferencias y avanzar en los problemas que como sociedad enfrentamos. La democracia es condición habilitante para todos los desafíos que hoy he abordado, como el crecimiento económico, la productividad, la descarbonización de nuestra matriz productiva, la inteligencia artificial y la educación.

Yo soy, como decía el arzobispo sudafricano Desmond Tutu: una rehén de la esperanza. Y es con esa esperanza que estoy convencida que podemos trabajar juntos para que el Chile de 2050 nos encuentre como un país más fuerte, dialogante y próspero para todas y todos, donde todas las chilenas y chilenos podamos vivir una vida más justa y digna.

RICARDO LAGOS WEBER
Senador del Partido Por la Democracia (PPD)

Sentémonos a resolver los problemas, porque de lo contrario nuestra democracia va a quedar en tela de juicio

La presidenta Michelle Bachelet tuvo la capacidad, en un lejano 2006, de plantear al país tantas cosas que han ido ocurriendo en Chile y que ya hemos asimilado como, por ejemplo, la igualdad de género. Hace 30 años existía el feminismo, pero fue la política pública y la decisión de ver la mitad del vaso lleno e instalar un gabinete paritario lo que marcó la diferencia. Pero no faltó la mirada mezquina, la de la mitad del vaso vacío, que criticaba cuando había un ajuste de gabinete y no quedábamos 50/50, sino 48/52. Recuerdo esto, porque cuando hablamos de ambientes tóxicos, siento que estos se han ido construyendo en el tiempo.

Ese primer gabinete de la presidenta Bachelet habló de la brecha de desigualdad, y no de la clásica distribución del ingreso, que es la que le enseñan a uno en economía. Habló de la brecha de desigualdad de género, pero también de la lucha desigual de las regiones, la desigualdad que se marcó con tanta fuerza entre la educación pública y la privada, o la desigualdad y brecha que se da entre tres comunas en Chile y el resto de las 342 comunas.

Dejar atrás la parálisis

Por lo anterior, es que quiero partir poniendo el foco en la desigualdad a través de dos temas bien concretos: crecimiento económico y distribución.

En crecimiento económico es lo obvio, pero hay que lograrlo tocando temas como el de la productividad y el de las industrias que van a permitir a Chile crecer con una asociación público-privada en el litio y el hidrógeno verde. Pero para eso hay que tomar decisiones.

Tal vez uno puede revisar el pasado, pero la revisión del pasado tiene un límite, sobre todo cuando eso lo que hace es paralizarnos. Siento que, en el tema del litio y del hidrógeno verde estamos recién recuperando terreno, porque creo que en el gobierno anterior se avanzó muy poco al final, ya teniendo la posibilidad de haberlo hecho. Esos fueron años perdidos, y que se perdieron, en una industria como el litio, cuando los precios fueron salvajemente altos. Todo indica que dejamos pasar una oportunidad y la pregunta es si nos vamos a seguir enredando respecto a cuál es el mecanismo y el sistema para explotarlo.

Chile en los temas globales

Cuando hablamos de crecimiento y sustentabilidad, aparece el tema del cambio climático y pareciera, lo digo con mucho respeto porque no quiero rebajar la conversación, que hace 15 años para algunos sectores hablar de este tema era muy secundario: y eso obedecía a que nuestras prioridades eran otras, como la superación de la pobreza, el acceso a la educación o la construcción de infraestructura pública.

Pero es bueno recordar que se haya comenzado a hablar en esos años de los efectos del cambio climático, porque gracias a eso esta idea se fue instalando a través de nuestros gobiernos. La presidenta Bachelet colocó en la agenda nacional el tema del cambio climático, el que llegó para quedarse, al punto que hoy ninguna empresa o compañía puede desestimar los temas medioambientales dentro de sus planificaciones.

Otra cosa que va a cambiar serán las normas de origen y la forma en que los países deben tomar decisiones para consumir ciertos productos. Siento que Chile tiene capacidad de hacer en esto, porque hemos sido actores clave en la protección de temas medioambientales. Fueron los gobiernos de la Concertación, y dentro de ellos los de la presidenta Michelle Bachelet, los que instalaron muchos de los temas que hoy discutimos. Por ejemplo, cómo cuidar nuestro océano creando áreas marinas protegidas. De hecho, si ustedes van a cualquier conferencia sobre sustentabilidad oceánica, Chile es mencionado como referente, por la decisión política de avanzar en la protección de los océanos.

Y en este tema nuestro país recientemente fue también parte activa del tratado medioambiental sobre "Protección de la Biodiversidad Más allá de la Jurisdicción Nacional", es decir, más allá de las 200 millas. Esto es algo que nuestro país empujó, ayudó y firmó. Entre paréntesis, aprovecho para hacer un justo reconocimiento a Chile, que aspira a tener la secretaría de ese organismo internacional.

Las demandas pendientes

Un tema fundamental para nosotros no es solamente que crezcamos más, sino que distribuyamos mejor y de muchas formas, como puede ser en materia de acceso a la educación, a la salud o a las salas cunas. El gobierno del presidente Gabriel Boric está impulsando la política nacional de cuidados, que es una medida que apunta a disminuir la desigualdad y mejorar la distribución de los recursos de la sociedad chilena. La pregunta es, sin embargo, ¿cómo lo financiamos? Bueno, necesitamos más recursos y debemos contar con una reforma tributaria o pacto fiscal, porque tenemos que llegar con los recursos para eso. No basta solamente con el crecimiento, que nos va a dar holgura fiscal, pero siento que hay sectores, de ambos lados, que saben que se han ido quedando pegados en un discurso que no obedece a nuestra realidad y esto lo vínculo con la política que estamos teniendo hoy.

La presidenta dijo que hay que dialogar sobre el pasado y hay que hacerlo hasta que duela. Probablemente, no nos vamos a poner de acuerdo en el pasado, como es el casi de Carreristas y O´Higginistas que han discutido por decenas de años estos temas y no logran ponerse de acuerdo.

Cuando fui ministro de la presidenta Bachelet, nos tocó la "revolución pingüina". Vista desde hoy es como "tierna" desde el punto de vista del impacto que generó nacionalmente comparado con los otros momentos que hemos vivido (...). En esos años le dije al expresidente de la UDI, Jovino Novoa, que en paz descanse: "Si no enfrentamos esta crisis tendremos una mayor en algún minuto". Pues bien, la respuesta de Jovino fue: "Ricardo, no te preocupes, el sistema aguanta una vuelta más de tuerca". Bueno, la vuelta más de tuerca la vivimos el año 2019. Hubo un estallido que habló, y luego un proceso constituyente que fue el que nos permitió la salida política, pero ante el cual luego fracasamos miserablemente el año pasado.

Ahora estamos en otro proceso, y tal vez no lo vamos a hacer mucho mejor, porque desde entonces no hemos resuelto un solo tema estructural. La principal demanda de ese 25 de octubre, esa marcha gigantesca que hubo en Chile, fueron las pensiones, la desigualdad, no una nueva Constitución, porque hay que ser justos en eso, la nueva Constitución fue lo que encontramos como mecanismo para encauzar el proceso.

Entonces, estamos al debe. Se supone que al 2050 tenemos que reformar este sistema político, este sistema atomizado que tenemos. Puede llegar un presidente con 56%, pero si no asegura mayoría parlamentaria tendrá una gestión muy difícil. Antes, éramos mayoría o éramos mitad y mitad del Senado, pero hoy somos menos en el oficialismo y además tenemos que convivir con almas distintas.

Credibilidad política

Y una reflexión a propósito de la credibilidad: uno tiene derecho a cambiar de opinión, pero considero que tiene la obligación de explicar por qué no se pueden hacer las cosas en política. Con mi progenitor (el expresidente Ricardo Lagos) tuve muchas diferencias por este tema, porque no se explicaba con fuerza que no tenía mayoría en el parlamento. Entonces, todo lo que se logró hacer era porque se suponía que era lo mejor, pero nunca se explicó bien que había cosas que no se pudieron hacer porque no teníamos mayoría.

Bueno, yo apoyé la reforma política que hicimos en su oportunidad para cambiar el binominal, para rebajar la dieta parlamentaria. También respaldé el límite de la reelección parlamentaria. Pero, a pesar de todos esos cambios que hicimos para recuperar esa esquiva confianza ciudadana, estas contundentes acciones que tomamos no movieron la aguja en cuanto a la percepción de los ciudadanos sobre la actividad política.

Sí, están las *fake news*, que tratan de desvirtuar todo lo que hacemos o decimos, pero también está la consistencia y la coherencia. Uno tiene el derecho a cambiar de opinión en política y yo converso hoy día con los compañeros de gobierno, con los cuales nos estamos conociendo, somos de generaciones distintas, pero creo que es importante mantener estos diálogos, conocernos.

Es que cuando uno cambia de opinión tiene que explicar por qué. Ya que no es posible que tengamos una opinión hoy y que a los dos minutos aparezca un tweet que muestre que pensaba distinto hace tres o cuatro años y no hagamos algo con eso. Creo que nos ayudaría mucho para reencontrar un camino que quienes cambiaron de opinión digan "cambié y ahora tengo una mirada distinta", que digan "tal vez fui extremadamente injusto con el pasado, tal vez se me pasó la mano con las críticas; o tal vez no estuve muy acertado en la forma y con la virulencia que juzgué el pasado".

En el caso de las nuevas generaciones que llegaron el 2022 al gobierno, todos hemos visto sus cambios de opinión en materias cruciales para el país, pero nadie entiende por qué lo hicieron, nadie las explica. Hoy se cree en cosas distintas que antes cuestionaban, como los temas de seguridad, integración comercial o atraer inversiones. Lo mismo ocurrió con el TPP, que antes era un tratado que nos impedía el desarrollo y, de la noche a la mañana, el gobierno del presidente Boric lo firmó e incluso valoró y ahora nos pide que apoyemos el ingreso de otras naciones.

Otro ejemplo del cambio de opinión ha sido lo de la reforma previsional, respecto de la cual el gobierno tenía una idea, pero que al poco andar anunció que estamos en condiciones de flexibilizar nuestras posturas.

Siempre por el multilateralismo

Quiero destacar que cuando hablamos del futuro, del año 2050, dado nuestro tamaño relativo, el tema de la inserción internacional pasa a ser fundamental. Eso es parte de crecer mejor, de distribuir mejor, es cómo nos vamos a alinear en el mundo. Y creo que hay algo que ya hemos aprendido, que es el multilateralismo, que es guiarse por reglas internacionales compartidas, con las cuales países de potencia mediana, como nosotros, pueden sentirse cómodos y navegar en un mundo complejo, más bipolar desde el punto de vista de donde están las fuerzas económicas, políticas, tecnológicas y militares.

¿Con qué norte estaremos ahí? Con nuestros valores, porque no da lo mismo hacia dónde Chile se va a inclinar respecto a los valores que nos representan a nivel internacional.

La democracia

Me imagino los años que vienen hacia 2050 como un período en que todos los chilenos, no solamente los que estamos en la toma de decisiones o no solamente la élite, sientan que la democracia es más que una democracia representativa y la alternancia en el poder. Sientan que la democracia resuelve los problemas y los déficits de la sociedad. Cuando dije que del 2019 a la fecha no hemos resuelto un solo tema estructural de desigualdad profunda en Chile, perdonen, pero eso lo resienten los chilenos y las chilenas.

Yo salgo a terreno y veo que la familia chilena siente miedo que la vayan a asaltar. A esas personas la democracia no les ha servido para nada, no la valora, no es la solución a sus problemas del día a día. Entonces, cómo le voy a hablar de que es importante la democracia si para ella sigue ahí el problema de no poder salir de su casa, si el transporte público en la región de Valparaíso pasa tarde mal y nunca, es caro y le consume entre el 15% y el 22% del ingreso familiar. Esos ciudadanos sienten que la democracia no resuelve los problemas.

Hay un sector de Chile, la derecha, que cree que los chilenos votaron por ellos en el plebiscito de hace unos meses porque los representan. Yo tengo mis dudas, hay muchos que sí, pero hay muchos que no y que andan buscando una respuesta que la democracia no les ha dado. Con la delincuencia ocurre lo mismo, porque ha aumentado en vez de disminuir, en el gobierno que sea. Entonces, le digo a ese sector político, a la derecha, que no compre esos resultados electorales como una bolsa de votos propia, porque en esta ocasión coincide con esos chilenos que están buscando una respuesta.

Hace tres años, en la elección presidencial, las personas dijeron basta de los dos bloques que habían gobernado y apoyaron que llegara un sector nuevo, que no tenía poder de decisiones. Pero ocurre que se dan cuenta que es difícil gobernar. Entonces, al sector que viene, cualquiera sea, le digo: sentémonos a resolver los problemas, porque de lo contrario nuestra democracia va a quedar en tela de juicio y van a aparecer los populismos que prometen resolver todo de manera fácil y bien rápida, al costo que todos conocemos.

XIMENA RINCÓN G.
Senadora y presidenta de Demócratas

Por los 50 años que fueron, y por los que vienen

La presidenta Michelle Bachelet tenía un buen diagnóstico sobre las crecientes demandas sociales de las chilenas y chilenos. Y en ambos mandatos prosperaron iniciativas para darle solución a dichas demandas. Sin duda, hubo grandes avances en sus dos mandatos. En materia de educación, se amplía la cobertura educativa en todos los niveles, se avanzó hacia la gratuidad de la educación superior, se dictó la Ley General de Educación que reemplazó a la LOCE, entre otras, sin perjuicio de que hoy debemos evaluar algunas de esas iniciativas que no cumplieron su promesa. También en materia de pensiones, un enorme logro para el país fue la creación del Pilar Solidario que reemplazó a las antiguas Pensiones Asistenciales que tenía grandes limitaciones.

Finalmente, avanzó en demandas sociales, como la instalación de un Sistema Intersectorial de Protección Social en favor de personas con mayor situación de vulnerabilidad; la modernización del Estado y Transparencia Pública. Y, a pesar de no haberse concretado, el proyecto de nueva constitución, que luego de estos tres años de discusión y poco avance, parecía una buena propuesta para Chile.

Sin duda, valoramos tres décadas del retorno a la democracia. Y, ¿cómo no hacerlo? Si como país hemos logrado sacar a millones de personas de la pobreza; aumentando la cobertura de la educación; entregando miles de viviendas propias, reivindicando los derechos humanos; abriendo el país al mundo, y aumentando los recursos fiscales. Pero no somos complacientes, y no todo es superávit. La ciudadanía nos lo recordó masivamente el 2019.

¿Y ahora qué? Han pasado más de tres años de los eventos que nos hicieron repensar cómo estamos administrando la democracia. Donde algunos desde los extremos se han atrevido a negar su valor. Luego de una pandemia que dejó los ahorros en su nivel más bajo y la deuda en su nivel más alto de los últimos años, entonces, ¿qué nos queda? Pensar y replantear los 50 años que vienen.

De los diagnósticos a las soluciones

En una charla magistral, Moisés Naim nos decía que el mundo contemporáneo se expone a tres amenazas principales: populismo, polarización y post verdad. Nuevamente, eso es un diagnóstico, verdadero sin duda, pero solo un diagnóstico. Lo que los líderes políticos de hoy y de los próximos 50 años deben dar son soluciones a ese diagnóstico conocido.

Nosotros planteamos que debe ser siempre en un marco de acuerdo en donde tres conceptos sean el centro. Las 3D que nos pueden hacer retomar el rumbo: democracia, desarrollo y derechos y deberes.

Democracia: Este es un valor fundamental, que permite poner las reglas del juego de manera cívica, nos permite reencontrarnos y encontrar soluciones conjuntas. ¿Qué sería del ser humano sin la democracia? ¿Qué ocurriría sin un lugar donde nos pudiéramos poner de acuerdo con la razón?

Desarrollo: Puesto el primer pilar que es la Democracia, es necesario poner todo el esfuerzo en reactivar lo que en un momento nos hizo reconocibles, es decir, en mejorar la calidad de vida de las personas con crecimiento y desarrollo. Esta es la única forma sostenible de hacer prosperar a un país. El desafío es volver a crecer cerca al 5% como en la década del 2004-2014. Sin esto, es imposible concretar las demandas de la ciudadanía, que siempre son progresivas.

Derechos y deberes: Con los dos pilares anteriores firmes y asentados, es posible hacer realidad los derechos que chilenas y chilenos esperan y por los cuales han contribuido toda su vida. Reforzar los derechos sociales actuales, como la educación, la salud, la seguridad pública y la seguridad social es esencial en el Estado Social y Democrático de Derecho que queremos construir. Pero todo Estado de Derecho, conlleva también deberes, y aunque muchas veces no es lo más popular, aquí si queremos salir juntos, todos deben contribuir.

La creciente polarización de la sociedad chilena en la última década fue abordada a ratos como un clamor del momento y no como un nuevo pacto social más amplio. Lo anterior nos llevó a un viaje pendular entre izquierdas y derechas que ha durado más de una década. Y ojo, que no se trata de estar en contra de la sana alternancia democrática, sino que dicha alternancia sea real y progresiva en torno a un plan de futuro, y no un mero cambio de signo político, de construir desde un lado, y luego desandar cuando le toca a otra coalición ser gobierno.

Cómo nos estamos preparando para los nuevos temas

Voy a partir por lo último que dijo la presidenta Bachelet: "Soy rehén de la esperanza y de verdad creo que nuestro país va a encontrar el camino". No va a ser fácil, va a ser tortuoso y difícil, pero vamos a encontrarlo. Creo que, para hacerlo, tenemos, sobre todo los que estamos en política, que poner dos valores encima de la mesa: honestidad y generosidad.

Bajo estos dos conceptos, tenemos que ponernos de acuerdo en temas que venimos arrastrando hace demasiado tiempo, como retomar la agenda en salud, vivienda y educación. Pero tenemos que tomar los temas no desde la dimensión de hace 30 años, sino que reconociendo todo lo que se ha hecho, y tenemos que abordar algunos temas que hay que poner en la mesa como el de la inteligencia o el multilateralismo. Son cosas que necesita Chile.

Tenemos que revisar qué es lo que estamos haciendo y cómo nos estamos preparando. Y aquí caben, por cierto, las pensiones y la seguridad. La seguridad ciudadana, pero también la seguridad económica, que es un tremendo tema, porque el problema no es solo si voy a llegar vivo a mi casa después de salir del trabajo, sino que, si voy a ser capaz de terminar el mes con los tres trabajos que tengo, porque redujimos la jornada laboral y eso tuvo consecuencias en la vida de las personas.

Entonces, creo que siendo rehén de la esperanza tenemos que ser capaces de entender que el país demanda que el Estado, las empresas y los ciudadanos nos pongamos de acuerdo y que nos volvamos a querer, porque siento que en algún minuto nos dejamos de querer.

Hoy, vivimos el futuro de aquellas decisiones no tomadas, de aquellas demandas que no fueron totalmente cumplidas, y de esos acuerdos grandes de antaño que no fuimos lo suficientemente valientes para lograr.

Finalmente, una invitación a los líderes de hoy y mañana para adoptar una palabra: prospectiva. Una palabra extraña, pero con mucho valor. Es la capacidad, en este caso de la sociedad chilena, de planificar y adelantarse al futuro. Ad portas de los 50 años de uno de los episodios más dolorosos que ha vivido nuestra patria, los invito a reivindicar las lecciones del pasado, a abrazar los nunca más y a volver a reencontrarnos para que los 50 años que vienen sean de un país desarrollado, justo y reencontrado.

LUCÍA SANTA CRUZ S.
Consejera de Libertad y Desarrollo, miembro del Consejo Asesor Nacional de Clapes UC

Necesitamos un país con un sistema educacional compatible con la revolución futura que traerá la inteligencia artificial

La presidenta Michelle Bachelet nos ha invitado a reflexionar sobre el presente y el pasado. Concuerdo plenamente con ella que pocas cosas son más preocupantes y deprimentes que los estudios de opinión que nos muestran que hay un porcentaje de la población muy significativo que sigue creyendo que una dictadura es mejor que una democracia. Creo que tenemos que instalar en las creencias colectivas del país que una dictadura, por definición, implica la falta de respeto a los derechos esenciales que como seres humanos nos merecemos.

Creo que ella tiene razón en que debemos tener memoria y a mí me gustaría poner el énfasis en que además tenemos que hacer historia. Y esta es una disciplina que tiene metodología, que tiene reglas, que tiene procedimientos, que no es el relato de hechos aislados y que uno de los ámbitos que prioriza es la búsqueda de la relación entre causas y consecuencias.

En este sentido, a los 50 años (del golpe de Estado) debemos decir: nunca más una dictadura, pero debemos decir también: nunca más intentar transformar las estructuras fundamentales del país, las económicas, políticas y sociales, sin tener una mayoría para hacerlo por la vía democrática. Nunca más una revolución impulsada por partidos que optaron por la violencia como método para llegar a concretar el anhelado cambio revolucionario.

Me complace muchísimo el acuerdo que existe que esa democracia liberal, representativa para algunos, burguesa para otros, ha demostrado plenamente ser el único sistema que tiene las herramientas para defender los derechos humanos. Esto es más un contrapunto a Michelle Bachelet en el panel, pero tiene el valor de defender la honestidad con que se debe juzgar el pasado antes de hablar del futuro.

Pedirle a una aspirante a historiadora reflexiones sobre el futuro parecería ser una contradicción en términos. Reconozco que, como apasionada del pasado, carezco de cualquier futuro como pitonisa. Por ello, me abstendré de hacer cualquier predicción y tendré que limitarme a esbozar cómo sería el país que me dejaría contenta si llegara a materializarse en 2050. Y como creo que además de serios problemas económicos, políticos y sociales, enfrentamos un grave problema de valores y de cultura, me referiré a ellos. Me van a perdonar, en este sínodo de la economía, que me aleje un poco de aquellas cosas que se pueden medir y divague sobre temas menos concretos, pero no menos importantes.

El crecimiento permite salir de la pobreza

Un pilar fundamental para el Chile que aspiro es la creación de ciertas condiciones materiales que superen la precariedad de las clases medias y que, de una vez por todas, nos libere de verdad de la miseria y la pobreza. Esto requiere tener presente el vínculo indisoluble entre crecimiento económico y ciertos bienes indispensables para obtener condiciones de vida más plenas, que permiten la realización de las posibilidades y talentos humanos. Aunque nos pese, casi no hay conquista humana que no exija medios materiales para alcanzarse: los avances en materias de expansión de la educación, en salud, en número de años de expectativas de vida, el tiempo de ocio, la cultura y el tiempo para la poesía, todos dependen de poder satisfacer las necesidades materiales y acceder a los recursos que ellas exigen.

El crecimiento permite salir de la pobreza, no solo porque crea empleos y mejores salarios, sino también porque asegura mayores recursos para gasto social y políticas públicas en pro de un desarrollo más integral y equitativo.

No se trata solamente de cifras abstractas en un papel, ni tampoco solo del acceso a bienes materiales prescindibles. Salir de la pobreza no es cambiar de quintil en un programa Excel: significa niños liberados de la desnutrición y de sus perversas secuelas cognitivas; permite desarrollos científicos y tecnológicos que tienden a la democratización de la información y del conocimiento; libera a las mujeres de las tareas domésticas más pesadas; y aumenta las posibilidades de viviendas compatibles con la intimidad que exige la vida familiar y que los campamentos no permiten. Más importante aún, el salir de la indignidad de la pobreza cambia la autopercepción de quienes transitan a vidas más prósperas y entrega una nueva dimensión de su propia autoestima, dignidad y autonomía. En ese sentido, nos brinda ciudadanos aptos para desempeñarse en una democracia.

Un país para la revolución tecnológica que se avecina

Solemos no dimensionar la extensión y profundidad de los impactos que generan los cambios tecnológicos, sobre todos los aspectos de la vida humana: la invención de la rueda, de la imprenta, de la máquina a vapor, del internet han influido sobre las sociedades, mejorado la calidad de vida. Pero los efectos de la revolución que se viene, cuyos cambios aún no es posible dimensionar, ciertamente prometen ser aún más disruptivos y transformadores.

La inteligencia artificial (IA) será uno de los pilares fundamentales de esta revolución y no sabemos ni siquiera cómo afectará la economía, las estructuras productivas, la política, la demografía, la sociedad, las mentalidades, las formas en que nos vinculamos unos con otros.

Evidentemente, la automatización impulsada por la IA puede cambiar radicalmente la forma en que se producen los bienes. Los robots y los sistemas autónomos pueden realizar tareas repetitivas y peligrosas con mayor precisión y seguridad, liberando a los trabajadores humanos para realizar tareas más especializadas y creativas. Esto tiene el potencial de aumentar la productividad, reducir los costos de producción y mejorar la eficiencia en la cadena de suministro.

Sin embargo, a pesar de los beneficios potenciales de la revolución tecnológica, también se plantean preocupaciones legítimas. La automatización podría llevar a la pérdida de empleos en ciertas industrias, lo que requeriría una adaptación y reentrenamiento de la fuerza laboral sin precedentes para enfrentar los nuevos desafíos.

Cambios radicales en educación

Necesitamos un país con un sistema educacional compatible con esta revolución futura que traerá la IA. La profundidad, vertiginosidad e impredecibilidad de los cambios, que ya estamos enfrentando con la cuarta revolución tecnológica, demandan con urgencia cambios radicales en nuestro sistema de educación. Si queremos producir ciudadanos con capacidad de ajustarse al mundo que viene, los temas en educación ya no son solamente en relación con quiénes son los propietarios de las escuelas, cómo se asignan los recursos materiales, sino que debemos enfrentar una discusión seminal respecto a los objetivos y métodos más aptos para la enseñanza y aprendizaje en todos los niveles del sistema educacional.

Lo anterior, requiere innovación permanente, creatividad, modelos diferentes a ser diseñados por medio del ensayo y el error. Estas tareas son absolutamente incompatibles con el monopolio estatal del 93% de la propiedad de los colegios, de todos los textos escolares, de currículos rígidos, regulaciones excesivas, todo lo cual inhibe, precisamente, aquello que más necesitamos que es la innovación y la creatividad. Es por eso que, si bien el Estado tiene la obligación de financiar la educación escolar y asegurar que las personas capaces no tengan impedimentos económicos para acceder a la universidad, no es conveniente que sea el único sostenedor y conviene crear espacios para la participación del sector privado en la resolución de este gran problema público.

Necesitamos un sistema educacional que forme además de educar, para contar con personas que sean capaces de discutir puntos de vista distintos al propio, de plantear sus ideas y escuchar las de otros para responder con argumentos fundados y con espíritu crítico y cuestionador que les será muy útil para enfrentar las falacias que los van a asediar. Virtudes todas que hoy son un bien escaso en la cultura chilena, que cada día se aferra más a las emociones y a las percepciones subjetivas, más que a los hechos y a la deliberación racional.

Un sistema en que sea central el cultivo sistemático de ciertas virtudes como la honestidad, el respeto por la verdad, el respeto por la palabra empeñada y los contratos explícitos o implícitos, la integridad, la lealtad, la compasión, la empatía, la generosidad, la preocupación por los derechos y el bienestar de los otros, el sentido de la justicia y de la equidad, para nombrar solo algunos. Ello es indispensable si queremos formar individuos libres y autónomos, moralmente responsables por sus actos y conductas, y comprometidos con su comunidad y su país.

La honestidad, en suma, es el mínimo exigible de cualquier tarea intelectual o humana, prerrequisito indispensable para generar confianza, que es el ingrediente que cimienta la vida social, política y económica ,porque implica respeto por la verdad, integridad intelectual, rigor, una cierta confianza en el poder de la razón para resolver conflictos de mejor modo que la irracionalidad o las emociones, autonomía y coraje, como también humildad intelectual, perseverancia, capacidad de empatía, como resultado de la comprensión de perspectivas múltiples sobre el mundo y el ser humano y de puntos de vista diferentes a los propios,

Una educación con énfasis en la dimensión ética en la discusión de los problemas y que, junto con entregar conocimientos y habilidades intelectuales, haya creído necesario incluir el desarrollo de la capacidad de comprender las consecuencias éticas de las decisiones y conductas que se adoptan y la dimensión ética en la discusión de los problemas.

Un país que ha aprendido de su historia

Evaluar lo que han sido las últimas décadas en la historia de Chile requiere primero tener una visión realista de la situación anterior a los cambios introducidos por la modernización capitalista. Muchas veces, en la idealización mítica de un pasado supuestamente mejor, se olvida que bajo una economía crecientemente centralizada y con cada vez menos espacio para la actividad económica privada, Chile era un país mucho más injusto, más desigual, con promedios de ingresos y un producto nacional muy bajo, en el cual, a pesar del creciente aumento del gasto social, que no iba acompañado por un crecimiento económico que lo pudiera sustentar, tenía índices de bienestar social peores que el resto de Latinoamérica: cerca de la mitad de la población vivía en la pobreza, el promedio de escolaridad de los niños chilenos era de cuatro años, el 3% de la población asistía a la universidad y, sin embargo, el porcentaje del presupuesto asignado a estas élites privilegiadas era prácticamente la mitad del total nacional destinado a educación. La desnutrición, vastamente reproducida, causaba daños a veces irreversibles en el desarrollo cognitivo y, en uno de los indicadores más relevantes de bienestar social, que es la mortalidad infantil, Chile exhibía el peor desempeño del continente, después de Paraguay.

El crecimiento económico sostenido a niveles sin precedentes en nuestra historia durante décadas llevó a la disminución de la pobreza, de la indigencia, de la mortalidad infantil, y de la desigualdad en la distribución de los ingresos, medida por el coeficiente Gini. También permitió un aumento en el ingreso de los más pobres, del gasto en educación y en salud, de la cobertura preescolar, de años de esperanza de vida, entre otros. Estos logros, como bien decía la senadora Rincón, no son el resultado de un milagro, sino la consecuencia de políticas específicas.

Las necesidades futuras

Necesitamos un país en que recuperemos ciertos valores, donde prime el desarrollo de un compendio de las virtudes necesarias para conformar un acuerdo moral, en un mundo donde se ha perdido un sentido compartido de lo bueno, lo justo y lo bello, donde prima el relativismo moral extremo, pues en este ámbito hemos perdido el consenso mínimo necesario para que la regulación y la coacción no nos avasallen y podamos mantener una esfera amplia de libertad personal.

Necesitamos un país justo, donde la igualdad ante la ley sea una realidad y, sobre todo, que haya una igualdad de la dignidad, al margen de las condiciones sociales o económicas de cada cual. Uno de los grandes avances de la modernidad, que es el fundamento de la democracia, es el reconocimiento del otro como un igual.

Tendremos que ser capaces de llegar a un acuerdo mínimo respecto a la existencia de ciertas instituciones morales y de conductas heredadas que han sido favorables para la existencia humana, porque han sido las más aptas para vivir en sociedad y para el bienestar de la humanidad.

Para lograr los objetivos anteriores se requiere:

a) Derechos individuales amparados por un Estado de Derecho fuerte que los proteja en beneficio de todos, lo cual exige el imperio de la ley y de un orden cívico, donde las controversias no se resuelven en la calle ni por métodos violentos, sino por la vía institucional, a través del intercambio democrático y el uso de la razón, la persuasión y los acuerdos (y no solo de los sentimientos).

b) Un Estado capaz de crear más y crecientemente mejores oportunidades para que cada chileno desarrolle al máximo sus capacidades, a través del mejor sistema educacional posible y donde la cuna no determine el destino final, sino el mérito, el esfuerzo, el trabajo y el imperio de una serie de virtudes personales que permiten vivir en forma civilizada en sociedad.

c) Un sistema económico de Economía de Mercado que asegure un crecimiento sostenido, garantice la libertad económica, que es la base de todas las otras libertades, genere empleos y permita en definitiva asegurar niveles de vida dignos a todos sus hijos. Pero se trata de una economía de mercado basada en la competencia real, sin monopolios, con empresas que respetan el interés de la comunidad, sus trabajadores y los consumidores.

d) Un Estado que ampare a quienes por razones ajenas a su voluntad no son capaces de valerse por sí mismos, los viejos, los enfermos, quienes son víctimas del círculo vicioso de la desesperanza aprendida y carecen de los medios para salir por sí mismos.

e) Una sociedad de hombres libres pero unidos por un destino común como parte de una comunidad.

Para ello tenemos que transmitir que el destino personal de cada uno está íntimamente ligado al mundo en el cual viven, y en concreto al país que los vio nacer. Su destino personal no podrá ser uno de paz y prosperidad, no podrán satisfacer sus sueños individuales si no velan por el bienestar colectivo y por un destino común con el de sus compatriotas.

"No podemos seguir con estos niveles de demagogia, populismo e irresponsabilidad (...). Esa política en base a las redes sociales y a la encuesta del día no conduce a ninguna parte"

SEBASTIÁN PIÑERA E.
Expresidente de la República
(2010-2014 y 2018-2022)

Libertad, equidad y progreso es la ecuación que Chile tiene que volver a encontrar

Los desafíos y oportunidades de los próximos 30 años de nuestro país están íntimamente ligados a los que hemos tenido también en los últimos 30 años. Estamos recordando los 50 años del golpe militar. Es curioso, porque Chile vivió en las décadas de los 60 y los 70 un período extraordinariamente intenso. Dos décadas, tres revoluciones: la revolución en libertad del presidente Eduardo Frei Montalva, la revolución socialista del presidente Salvador Allende, la revolución militar que se desarrolló durante el régimen militar.

Recuerdo algunas frases muy ilustrativas del ambiente que se vivía en esos años. Por ejemplo, un senador socialista dijo que le iban a negar la sal y el agua a un presidente que había sido recientemente electo con una inmensa mayoría; otro presidente dijo: "No cambio una coma de mi programa ni por un millón de votos", en una época en que votaban tres millones de personas; otro presidente sostuvo: "No soy presidente de todos los chilenos"; otro presidente dijo: "No se mueve una hoja en este país, sin que yo lo sepa". Esas fueron frases que marcaron la actitud que existía en esos tiempos frente a la política.

Después vino el 11 de septiembre del año 73, que fue el quiebre de nuestra democracia. No fue una muerte súbita, fue el triste, pero inevitable proceso de deterioro y decaimiento de los valores de nuestra democracia. Recordemos que fue como una especie de muerte anunciada, como las tragedias griegas. Todo el mundo sabía lo que iba a pasar, muchos querían evitarlo, pero finalmente no hicieron lo suficiente. Es bueno recordar esto cuando hay períodos tan traumáticos como los que vivimos en esa época, especialmente con los temas de derechos humanos. Porque sabemos que existen tres opciones para tratar una herida: cubrirla y olvidarse de ella, cosa que probablemente va a terminar en una tremenda infección; hurgar en esa herida en forma permanente hasta que termine siendo una verdadera gangrena; o lo más sano, que es abrir la herida, limpiarla, después cubrirla y permitir que sane. Creo que este último debiera ser el espíritu con que recordemos estos 50 años del golpe militar. Recordar para sanar y además recordar para aprender de las lecciones y las enseñanzas de la historia. Por esa razón es muy importante tener mucha conciencia de que el quiebre de nuestra democracia pudo haber sido evitado si hubiéramos actuado con mayor prontitud, unidad, voluntad, y sin embargo, no pudimos o no fuimos capaces de hacerlo.

Exitosa transición a la democracia

Después, viene la recuperación de la democracia el año 88 con el plebiscito del Sí y el No. Posteriormente, la reforma constitucional y, finalmente, la elección del presidente Patricio Aylwin, que fue el primer presidente tras la recuperación de la democracia. Este fue el triunfo de una generación, igual como el quiebre de nuestra democracia fue el fracaso de una generación que no pudo, no quiso, o no supo defender la democracia. La recuperación de nuestra democracia fue el triunfo de una generación que sí quiso, supo y pudo recuperarla en forma muy ejemplar.

Basta con revisar la historia para encontrar que la transición de gobiernos militares o gobiernos dictatoriales hacia gobiernos democráticos en general ocurre en medio de crisis políticas, caos económico y violencia social. En Chile no fue así. Nuestra transición es reconocida en el mundo entero como exitosa, porque no solamente recuperamos la democracia en forma ejemplar, sino que, además, porque fueron años en que el país avanzó a pie firme. Fueron años luminosos desde el punto de vista de los logros, y no nos estamos refiriendo solamente a los avances en materia de democracia y derechos humanos, sino que también un notable desarrollo de nuestro país.

Pasamos a encabezar y liderar América Latina, con una gran caída de la pobreza de más del 68,6% a menos del 10%, y una disminución muy significativa del coeficiente Gini, que mide la desigualdad de ingresos. Hubo un aumento muy notable de la expectativa de vida al nacer, además del porcentaje de jóvenes que accedía a la educación superior, que se multiplicó por más de tres veces y, finalmente, el índice de desarrollo humano mostró un gran salto, dejándonos también a la cabeza de América Latina.

¿A qué se deben todos estos resultados? Bueno, obviamente al esfuerzo, al trabajo, pero también a que logramos tácitamente un verdadero pacto social cuando recuperamos la democracia. No está escrito, no está firmado, pero básicamente era un compromiso con la democracia y los derechos humanos, un compromiso con la economía libre, abierta, competitiva, integrada y un compromiso con la lucha contra la pobreza, por una mayor igualdad de oportunidades y una mayor inclusión social. Ese fue el pacto social, el acuerdo tácito que guió los pasos de estos famosos 30 años.

Falta de defensa

¿Cuándo empieza a resquebrajarse este pacto social? Sin duda, durante el segundo gobierno de la presidenta Michelle Bachelet. Ahí los 30 años fueron sometidos a un ataque sin piedad y se quiso demostrar al país que durante ese período hubo 30 años de abuso, de oscurantismo, de retrocesos y la verdad es que ese demoledor ataque surtió mucho efecto, tal vez no tanto por la fuerza del ataque, sino que por la ausencia de una defensa.

Recuerden ustedes que en estos 30 años hubo seis gobiernos: cuatro gobiernos de la Concertación y dos gobiernos de la centroderecha. Es curioso, el gobierno militar se dedicó a destruir la obra del gobierno de la Unidad Popular y después el gobierno de la Concertación a destruir, del punto de vista de la ideología, la obra del gobierno militar. Y posteriormente, una parte de la izquierda se dedicó a atacar y destruir la obra de los gobiernos de la Concertación y la centroderecha.

La Concertación renuncia a defender su propia obra y solo la centroderecha destacó las luces y sombras de esos fecundos 30 años. Creo que esa es una de las causas de por qué estos 30 años, los vilipendiados 30 años en que Chile dio un tremendo salto adelante y fueron tal vez uno de los mejores períodos en nuestra historia, fueran tan brutalmente sometidos a ataque y tan huérfanos en la defensa.

Por otra parte, es importante mencionar que surgió poco a poco una necesidad de renovar el pacto social que habíamos tenido. Empezó a surgir la demanda por una nueva Constitución y llevamos un período demasiado largo en ello. La Constitución del 80 lleva ya 43 años y llevamos los mismos años discutiendo y enfrentándonos en torno a la Constitución. En los países sabios, la confrontación existe, y es bueno que exista, pero se hace dentro del marco de la Constitución, no con respecto a la Constitución. Por eso, es muy importante comprender que una buena Constitución tiene que ser un gran marco de unidad, de estabilidad y de proyección hacia el futuro. Sin embargo, para lograr ese objetivo es indudable que esa Constitución tiene que tener legitimidad y, por eso, es muy importante que las constituciones se aprueben por amplias y sólidas mayorías, para que sean reconocidas, respetadas y puedan surtir su efecto durante largos períodos de tiempo. Ese acuerdo constitucional es lo que estamos buscando hoy día.

Cinco crisis en tres años

Quiero referirme a mi gobierno: gobernar siempre es difícil y lo saben muy bien los presidentes. Es más difícil gobernar que ser oposición. A nosotros nos tocó especialmente difícil en el primer gobierno: el más devastador terremoto y maremoto que haya tenido Chile y el mundo en muchas décadas. En el segundo, nos tocó enfrentar, en muy poco tiempo, muchas crisis de distinta naturaleza y todas ellas extremadamente graves.

Nos tocó enfrentar cinco crisis en un período de tres años: la crisis de la violencia irracional, desatada sin Dios ni Ley, que no respetaba nada ni a nadie, que destruía escuelas, hospitales, iglesias, centros comerciales, sin ningún control y que tuvo un cierto apoyo, complicidad, respaldo, justificación de una parte de la izquierda de nuestro país. Esa es una lección que tenemos que sacar: la violencia nunca, bajo ninguna circunstancia, debe ser aceptada. Por otra parte, también la mayoría de los medios de comunicación tuvieron una actitud muy pasiva y complaciente frente a esa violencia, no hubo una condena fuerte y clara y eso también fue marcando el sentir de la opinión pública.

Después de esta crisis de violencia, tuvimos una muy fuerte crisis política, que por agotamiento del pacto social generó una demanda por hacer uno nuevo y avanzar hacia una nueva y buena Constitución. Recuerdo muy bien el 12 de noviembre del año 2019, que fue un día de mucha violencia, fue el segundo día que se llamaba a paro y huelga por la mesa social controlada por el Partido Comunista, sabiendo las consecuencias de violencia, destrucción y caos inminente que esos llamados generaban. En ese momento, había claramente dos opciones y curiosamente las opiniones estaban muy divididas; uno, era el camino de la fuerza y la represión y, el otro, era el camino del diálogo, los acuerdos y la democracia. Optamos por el segundo al proponer al país un triple acuerdo. Un acuerdo por la paz, un acuerdo por la justicia y un acuerdo por una nueva y buena Constitución. Eso condujo al acuerdo del 15 de noviembre, a la reforma constitucional de diciembre de ese año, al plebiscito, a la convención constitucional que hizo una propuesta, a mi juicio aberrante y desastrosa, que fue rechazada por una gran mayoría de chilenas y chilenos.

También enfrentamos una crisis sanitaria que fue la del Covid, que cobró a nivel mundial 70 millones de muertos y que en Chile fueron 60 mil. Es interesante un estudio que hizo la revista Lancet, una de las más prestigiosas en materia de salud a nivel mundial, que estableció que, en Chile, respecto de cómo operaron en promedio el resto de los países, habíamos logrado salvar 150 mil vidas. Tal vez esa es la mejor retribución que podemos tener por la forma en cómo supimos enfrentar esa letal crisis sanitaria.

A esto se sumó una crisis económica producto de la crisis sanitaria que significó una gran caída del PIB mundial. En Chile significó una caída el año 2020 de aproximadamente 6% y una recuperación al año siguiente de casi 12%. Chile fue el tercer país del mundo en alcanzar más temprano los niveles de actividad prepandemia.

También enfrentamos una crisis social que era la consecuencia de la crisis sanitaria y crisis económica, que fue muy brutal y significó grandes privaciones y carencias a las familias chilenas. Chile tenía una red de protección social que cubría a cuatro millones de personas y en tres meses ampliamos esa red para llegar a ayudar y acompañar a 16 millones de chilenos. Fue una multiplicación muy fuerte en muy poco tiempo. Hubo que crear los mecanismos e instrumentos para poder llegar con esa ayuda a 16 millones de personas.

Mirando ahora al futuro, creo que nunca el mundo y nunca Chile había tenido tantos problemas y desafíos, y al mismo tiempo, tantas oportunidades y herramientas como las que tenemos hoy día a nivel mundial.

¿Cuáles son los grandes desafíos?

Cambio climático y lucha por el agua: por supuesto que el cambio climático y el calentamiento global es uno de ellos. Esta es una batalla por la supervivencia de la raza humana. Hace un tiempo, en la portada de una prestigiosa revista, se decía salvemos al planeta Tierra. Pero la verdad es que lo que está en riesgo no es el planeta, sino que las personas que vivimos en él. De hecho, 99 de cada 100 especies que alguna vez existieron ya no existen y no queremos que la raza humana se sume a esa triste lista.

Esta batalla por la supervivencia no la estamos ganando, vamos por mal camino. La COP 2015 en París fijó metas que hoy día son insuficientes, pero metas que además no se están cumpliendo. De hecho, hoy tenemos muchas más emisiones de CO2 que las que teníamos cuando se celebró la COP de París y muchas más emisiones que las que en ese minuto se anticiparon. Por tanto, el próximo informe del panel de expertos de Naciones Unidas va a mostrar un cuadro más oscuro, más pesimista y terrorífico que el que mostró el informe que conocimos hace algunos meses.

San Pablo decía que la guerra del fin del mundo iba a ser una huelga de brazos caídos, por la pérdida del sentido de la vida. Pero si ocurre esa guerra, en mi opinión va a ser la guerra por el agua. En Chile tenemos un grave problema de agua, tras 13 años de continua sequía que ya no es una cosa ocasional. Muchos piensan que esto es un tema estructural, porque cambió el clima y en forma definitiva. Eso va a significar consecuencias gigantescas en cuanto a desplazamiento de la actividad económica y de la población siguiendo al agua.

Aquí tenemos muchos desafíos por delante que no estamos enfrentando con la suficiente fuerza. Por ejemplo, en Chile tenemos 22 plantas desalinizadoras de ocho mil litros por segundo y tenemos 36 proyectos empantanados en distintas etapas que nos permitirían triplicar la cantidad de agua desalada. El 80% del agua que corre por nuestros ríos se vierte en el mar y si pudiéramos aprovechar una quinta parte podríamos triplicar la superficie agrícola de nuestro país. En Chile, además, estamos atrasados en lo que se refiere a construcción de embalses y utilización de recursos naturales. Sin duda, tenemos un tema al cual vamos a tener que prestar mucha mayor atención.

Nuevas pandemias y crisis: otro gran desafío de la humanidad son las nuevas pandemias. Acaba de salir un libro de Bill Gates, donde él hace preguntas como si estamos preparados para enfrentar otras pandemias. La verdad es que la pandemia del Covid fue un gran triunfo de la ciencia, que logró en 10 meses una vacuna que antes tomaba 10 años, pero un gran fracaso de la política, porque en medio de la peor crisis sanitaria de los últimos tiempos no hubo colaboración internacional. Las dos grandes potencias, Estados Unidos y China, en lugar de unirse para encabezar esta lucha, se enfrentaron y se descalificaron permanentemente. Por eso, ¿cómo vamos a enfrentar las nuevas pandemias? Hay muchos estudios que señalan que las pandemias se van a acelerar por la mayor concentración de la población en ciudades. El Covid debe ser una voz de alerta que nos ayude a prepararnos para enfrentar las nuevas pandemias o las nuevas crisis.

Envejecimiento poblacional: un tercer desafío es el envejecimiento de la población. Un solo dato: en el año 2000 el 18% de la población era mayor de 50 años en Chile; al año 2050, más del 50% de la población será mayor de 50 años. Eso va a ser un fenómeno que va a afectar a nuestra sociedad profundamente, no solamente en el tema de pensiones, sino que también en salud, trabajo, educación, vivienda y en la estructura de consumo. Es algo que nunca en nuestra historia habíamos conocido.

La amenaza del (des) orden internacional: un cuarto desafío al cual se ha prestado poca atención en la literatura, pero que lo rescata con mucha fuerza Harari (Yuval Noah) en uno de sus últimos ensayos es el tema de la amenaza nuclear. No solamente tenemos los cinco países tradicionales que tienen capacidad nuclear -Estados Unidos, Inglaterra, China, Francia y Rusia- sino que, además, ya tienen bombas atómicas probadas India, Pakistán, Corea, y se sospecha que siete países más también las tienen. Además, grupos terroristas también podrían acceder a ellas. El tema nuclear es una amenaza brutal, porque está proliferando y, por tanto, la capacidad de controlar ya no está en manos del teléfono rojo entre Rusia y Estados Unidos, sino que está en demasiadas manos y eso aumenta exponencialmente el riesgo.

También está la tremenda confrontación geopolítica, militar y tecnológica que se está produciendo entre Estados Unidos y China. Estados Unidos decidió frenar la Organización Mundial de Comercio (OMC), que era el organismo que buscaba una integración global. Estamos en una confrontación y una lucha que no solamente es geopolítica, sino que también militar y de tecnología, especialmente de microprocesadores avanzados, inteligencia artificial, armamento y por la hegemonía mundial. Hemos pasado a otra globalización que privilegia la seguridad y que va a ser un cambio radical. Todo esto, que se llama *nearshoring*, indica que ya no habrá una integración mundial, sino que será en base a criterios políticos o geoestratégicos, y de seguridad nacional. Ese cambio radical afectará mucho a un país como Chile, que estaba preparado y avanzaba muy fuertemente hacia una integración muy global. De ahí la importancia para Chile de haber firmado el TPP-11, que, de manera insólita, por oposición de la centroizquierda, no pudimos aprobar en los cuatro años de nuestro gobierno, porque no teníamos los votos en el Senado.

Finalmente, frente a la debilidad de la gobernanza mundial, ahora se está buscando un nuevo pacto al estilo "Bretton Woods", que surgió después de la Segunda Guerra Mundial basado en las Naciones Unidas, el Banco Mundial (BM) y el Fondo Monetario Internacional (FMI) y que está siendo cuestionado dado que está mostrando su ineficacia para enfrentar los graves problemas de la humanidad, que son todos de carácter universal como el calentamiento global, las pandemias, la amenaza nuclear, las migraciones y las guerras.

Desafíos claves en una nueva realidad

A pesar de todos estos desafíos, como decía al comienzo, nunca habíamos tenido tantas oportunidades y herramientas como las que tenemos hoy. Walt Disney señalaba que el principal y más poderoso recurso renovable de los seres humanos es la imaginación. Decía: "Si podemos imaginarlo podemos hacerlo". Ahí está la revolución tecnológica, la sociedad del conocimiento y de la información, la robótica, la computación cuántica y la inteligencia artificial. Conversaba hace un tiempo con Geoffrey Hinton, que se considera el padre de la inteligencia artificial, y decía que las máquinas comparten el aprendizaje y, por tanto, lo que aprende una máquina lo aprenden todas las máquinas en forma casi instantánea. En cambio, los hombres no comparten el aprendizaje, cuesta mucho transferirlo de una persona a otra, es un proceso de enseñanza, pero no es instantáneo, no es fácil. De ahí que es inevitable que ese conocimiento acumulado con una mayor capacidad de proceso de datos va a significar una explosión en la capacidad de inteligencia que tendrán las máquinas y que podrán compartir. De ahí surgen todos los riesgos existenciales: ¿hasta qué punto la máquina estará al servicio del hombre, o puede terminar siendo justamente lo inverso?

Ahora, pasando a Chile, tenemos muchos desafíos y muchos problemas, pero que también son muchas oportunidades.

Primero está la mala calidad de la política. Esta idea de que gobierno y oposición tienen por objetivo destruirse, los proyectos personales sin ningún respeto por el bien común, el populismo, la demagogia y las redes sociales que alimentan este proceso. Por otra parte, están las descalificaciones, la falta de amistad cívica, la débil capacidad de diálogo y de lograr acuerdos, que es la única forma de avanzar en los grandes temas. También está el irrespeto por nuestra Constitución, nuestro Estado de Derecho y nuestras leyes, por ejemplo, los retiros de fondos previsionales, donde se buscó un subterfugio para evitar la norma constitucional que establecía la iniciativa exclusiva del Presidente de la República. Así, también estamos viviendo una creciente judicialización de la política, donde los jueces están empezando a tomar decisiones que corresponden a la política y no solamente en el tema de salud. Es muy importante hacer un gran esfuerzo para mejorar la calidad de la política, que tal vez fue uno de los factores esenciales del éxito de los últimos 30 años y esto también se extiende al debilitamiento de nuestras instituciones democráticas, que era una de las grandes fortalezas de nuestro país.

Un segundo desafío gigante es el del capital humano. En Chile, acabamos de conocer los resultados de las pruebas SIMCE que revelan un retroceso de 10 años en algunos casos, y de 20 años en otros, en materia de calidad de la educación. Esto es el producto de cómo hemos enfrentado el desafío educacional. Recordemos lo que costó que los niños pudieran volver al colegio por oposición del Colegio de Profesores y la ultraizquierda tras el período de pandemia, a pesar de que era lo que recomendaban todos los expertos y era lo que impulsaba nuestro gobierno. Fue una oposición cerrada por razones, a mi juicio, basadas en intereses políticos particulares más que en el bienestar de los niños. Incluso, el ministro de Educación fue acusado constitucionalmente, precisamente, por haber hecho un esfuerzo grande para que los niños volvieran a clases. Ese ausentismo producto del octubrismo está pasando la cuenta. Además de eso, ¿qué estamos discutiendo hoy en materia de educación? La condonación de la deuda de los profesores y la condonación del CAE. Entonces, me pregunto: ¿son esas las prioridades que tiene la sociedad chilena hoy? ¿Tiene eso que ver con la calidad de la educación que le estamos dando a nuestros niños y jóvenes en todos los niveles o con el déficit de cobertura que tenemos en la educación temprana?

Creo que la verdadera deuda histórica en materia educacional es la que tenemos con nuestros niños y jóvenes, porque 9 de cada 10 niños en primero básico no conocen ni reconocen las letras del alfabeto; 6 de cada 10 niños en cuarto básico no tienen las habilidades para leer y escribir. Hay 220 mil niños en edad escolar que están fuera del sistema escolar; uno de cada tres niños ha tenido contacto con la droga y muchos de ellos en forma muy temprana. Cuatro millones de chilenos adultos no han completado su educación media, y el 50% de los chilenos -según estudios internacionales- no entienden lo que leen en instrucciones simples. Eso significa un analfabetismo funcional y, por tanto, falta de calidad en todos los niveles. Por supuesto, que hay excepciones, como la Universidad Católica, pero en todos los niveles -y lo corroboran las pruebas internacionales que miden a Chile- estamos por debajo de los países de igual nivel de desarrollo. Por supuesto que estamos bien a nivel de América Latina. Pero aquí hay que preguntarse con quién nos debemos comparar. Si antes la ignorancia era pobreza, en esta sociedad del conocimiento y de la información, la ignorancia va a ser miseria. Por tanto, el tema de la calidad de la educación es fundamental.

Un comentario respecto de los Liceos Bicentenario. Hace 13 años no existían y hoy han demostrado con resultados que es posible mejorar la calidad de la educación en Chile en períodos cortos, que no es cierto que tenemos que esperar cambios estructurales y que no es un problema insoluble. Los Liceos Bicentenario han logrado un enorme mejoramiento en lo que se refiere al compromiso con la excelencia educativa, el respeto, la disciplina y la paz dentro de la sala de clases, una enorme preferencia de los padres que los han reconocido como mejores y los prefieren en sus procesos de selección. Han logrado también menores niveles de inasistencia y mayores niveles de retención. Y si comparamos los Liceos Bicentenario -que actualmente son 320- con los liceos emblemáticos, que eran una fuente de orgullo en nuestro país; la comparación es brutal, es el día y la noche, porque son dos modelos distintos. En el modelo Bicentenario la esencia es el compromiso con la excelencia y eso es un compromiso que adquiere la comunidad educativa completa. Respecto de los primeros Liceos Bicentenario que hicimos en Chile, recuerdo que invitaba personalmente como presidente al director, a los profesores, a los padres, a los alumnos y se firmaba un compromiso con la excelencia que significaba respetar la sala de clases, concentrarse cada uno en su tarea: los directores a liderar, los profesores a enseñar, los alumnos a estudiar, los padres y apoderados a apoyar. Eso produce efectos en forma mucho más rápida que lo que la gente cree. Hay mucha crítica de que los Liceos Bicentenario seleccionan o que tienen una preferencia socioeconómica o que tienen más recursos. No es verdad, no seleccionan ni tienen un nivel socioeconómico mayor. Al revés, en promedio los Liceos Bicentenario tienen niveles de vulnerabilidad social mayores que el promedio de los liceos municipales y tienen los mismos recursos. Quiero decir que han demostrado que ese modelo sí funciona y el otro modelo, el de los liceos emblemáticos, atravesados por la violencia y la indisciplina, ha demostrado que no funciona.

Hoy día, por ejemplo, el Instituto Nacional no está entre los 200 mejores liceos de Chile, y antes siempre estaba en los primeros lugares. Hace cuatro o cinco meses el ministro de Educación decretó la muerte de los Liceos Bicentenario, lo cual, a mi juicio, constituye un gravísimo error. ¿Por qué matar una de las mejores y más exitosas políticas públicas en educación en mucho tiempo en nuestro país? Finalmente, cambió porque el Congreso, a través de la Ley de Presupuestos, impuso que se tenía que reabrir el proceso de licitación con cuarenta nuevos Liceos Bicentenario. Pero quiero advertir que han cambiado sustancialmente las bases y los estándares que antes estaban centrados en la excelencia educativa. Ahora están basados en otros valores, lo que estaría desnaturalizando su esencia.

El tercer desafío que tenemos es la violencia. Con este rechazo que hubo un tiempo en nuestro país al uso legítimo de la fuerza para combatir la violencia ilegítima y el aumento de la violencia con el respaldo, la complicidad, la tolerancia o la justificación de sectores de izquierda. Recordemos que los jóvenes de la primera línea -que son los que quemaron, incendiaron y destruyeron-, fueron homenajeados en el ex Congreso.

Además, la lucha contra el narcotráfico, el crimen organizado y el terrorismo requiere de un cambio radical, por de pronto un nuevo sistema de inteligencia. Porque la lucha contra estos males requiere músculo y corazón. Sin ella esa lucha es imposible de ganar y en Chile todavía no tenemos una nueva ley de inteligencia.

Crecimiento y modernización del Estado

Ahora, un tema fundamental que tenemos que abordar es la pérdida de capacidad de crecimiento. No hay ganas ni voluntad de crecer, no hay compromiso con el crecimiento y cuando hablo de crecimiento hablo de crecimiento integral, que no es solamente material, sino también espiritual; de un crecimiento inclusivo, que incorpora a todos, y de un crecimiento sustentable, respetuoso con la naturaleza y las futuras generaciones. Pero no hay una voluntad ni un compromiso con hacer lo que hay que hacer para que Chile recupere esa capacidad perdida de crecimiento integral inclusivo y sustentable.

¿Cuáles son las metas de crecimiento de este gobierno? ¿Cuáles son las metas de creación de empleo de este gobierno? Aquí no hay metas de crecimiento ni de empleo. ¿Cuáles son las metas en materia de inversión o de productividad? Hemos abandonado el tema de las metas, estamos concentrados solamente en los procesos y no estamos midiendo los resultados.

¿Cómo fue el crecimiento per cápita de los distintos gobiernos? ¿Cuándo se produce un cambio radical? En el segundo gobierno de la presidenta Michelle Bachelet, ahí se produce una caída de la cual no nos hemos podido recuperar con la crítica despiadada a los 30 años, con la reforma tributaria de su ministro de Hacienda Alberto Arenas y con el cambio del sistema electoral que desató la proliferación extrema de partidos políticos. Pasamos de ser un país que crecía más que el mundo, más que América Latina, a ser un país que hoy crece menos que el mundo y menos que América Latina. No podemos acostumbrarnos a esta mediocridad en materia de crecimiento. Si crecemos al 6% per cápita, que no es poco, estaríamos alcanzando un nivel de ingreso que tiene un país europeo como Portugal al año 2030, o sea, a la vuelta de la esquina. Pero, si crecemos al ritmo que lo estamos haciendo hoy, esa meta la vamos a alcanzar el año 2053. Y si queremos alcanzar a países que están un poco por encima como Grecia o España, realmente la meta de ser un país desarrollado, que fue un desafío que propusieron los presidentes Eduardo Frei y Ricardo Lagos, y que también me tocó a mí hacerlo, está cada día más distante. En algún momento estuvimos extraordinariamente cerca -al término del año 2014- estábamos a tres años si manteníamos la tasa de crecimiento de alcanzar niveles de ingreso como el que tenía Portugal y hoy día, con el crecimiento actual, estamos hablando ya de 30 años.

Otro problema que tenemos como país es la obsolescencia del Estado. Acabamos de conocer un informe del FMI que dice que Chile está entre los países que más creció en tamaño del Estado en los últimos años. Pero el tema no es el tamaño del Estado, porque todos sabemos que falta Estado en muchas partes y sobra Estado en muchas otras. Cuando falta Estado es angustiante, pero cuando sobra es asfixiante. Hay que compatibilizar el tamaño del Estado con las principales preocupaciones de la ciudadanía: seguridad, salud, educación, justicia y calidad de vida de la población en general.

Por ejemplo, un tema específico y urgente que hay que modernizar y que se está discutiendo mucho es el tema del empleo público. ¿Cuánto ha crecido? Tenemos 1,2 millones de empleos públicos ampliamente definidos y cerca de 450 mil en el gobierno central. Por tanto, ahí tenemos una tremenda tarea en hacer una modernización y tal vez esta reforma constitucional puede ser una oportunidad muy grande.

Permisología: cobre, litio e hidrógeno verde

Si bien Chile tiene grandes problemas, también tiene grandes oportunidades y herramientas. Chile tiene lo que el mundo necesita, por ejemplo, para enfrentar todo este fenómeno del cambio climático, ya que se está demandando energías limpias y renovables, electrificación, vehículos eléctricos y nuevas tecnologías. Se requiere mucho litio y mucho cobre, pero, ¿saben ustedes que en los últimos 10 años la producción de cobre en Chile ha estado absolutamente estancada? ¿Saben cuánto ha crecido la producción de cobre en Perú en los mismos 10 años? Un 100%. Entonces, nos estamos quedando dormidos en los laureles y en los éxitos del pasado.

En materia de litio, ¿cuál es el objetivo de Chile? ¿Crear una empresa estatal o aprovechar esta bonanza para poder producir la mayor cantidad posible y generar la mayor cantidad de excedentes posible para el Estado y, en consecuencia, en beneficio de todos los chilenos? Chile era el primer productor de litio del mundo, puesto que perdimos hace mucho tiempo. Ahora somos segundos después de Australia. Chile tiene la mayor reserva de litio del mundo. ¿Qué estamos haciendo? ¿Hace cuánto tiempo se habla de una ley del litio como una estrategia nacional? Y así pasa el tiempo y en estos tiempos modernos el que se queda dormido pierde. En consecuencia, encuentro que Chile está perdiendo una tremenda oportunidad, pensando que lo importante es que el Estado cree una empresa estatal en lugar de que el país aproveche en plenitud su litio. Lo mismo pasa con el hidrógeno verde. Firmamos un acuerdo con la Comunidad Europea en esta materia, pero lo cierto es que todos los proyectos de hidrógeno verde que han buscado avanzar se han encontrado con enormes dificultades. Por ejemplo, el proyecto de ENEL en Magallanes, que finalmente con todas las exigencias, más allá de lo que establecía la ley, simplemente se abandonó.

Hay muchas oportunidades que están ahí, pero cada día que pasa son menos. Porque no estamos solos en este mundo y vemos que, en materia de litio, por ejemplo, Argentina está con un plan de expansión que, probablemente, va a lograr superar a Chile como productor de litio en un corto tiempo.

Energías limpias y renovables, otra tremenda oportunidad porque tenemos el sol, el viento y la geotermia. Ahí estamos con una falla, porque el proceso de evaluación ambiental se ha transformado en un proceso *kafkiano*. Debemos aprender a decir que no temprano cuando corresponda y también a decir que sí, aunque sea condicionado a requerimientos específicos. Hoy día este sistema *kafkiano* hace que uno pueda pasar muchas etapas, involucrando grandes inversiones, sin tener ninguna certeza de llegar a buen puerto. Entonces, hay un gravísimo problema de burocracia y *permisología*, especialmente en lo que se refiere a la evaluación de impacto ambiental. Por supuesto que hay que proteger el ambiente, el patrimonio, pero la forma cómo lo estamos haciendo es extraordinariamente ineficiente.

Otra oportunidad que tenemos es poder transformarnos en una potencia agroalimentaria. Chile tiene un clima mediterráneo, un gran patrimonio fitosanitario, tratados de libre comercio con los principales consumidores del mundo, por lo que podríamos transformar al país en el gran servidor de la mesa con vinos, frutas y pescados chilenos. Ahora bien, para hacerlo tenemos que resolver un tema que va a trancar nuestra agricultura: el agua.

También tenemos laboratorios naturales de astronomía en el norte; la Antártica en el sur; tenemos un potencial de turismo inmenso, Chile ha sido destacado como uno de los países con mayor proyección de turismo futuro.

Definición del modelo de desarrollo

Las oportunidades están, lo que falta es que nos pongamos de acuerdo en qué modelo queremos seguir y a quién queremos mirar. ¿Queremos seguir el modelo de los socialismos del siglo XXI o queremos seguir los modelos exitosos de Irlanda o Nueva Zelanda? El modelo es un Estado de Derecho respetado y respetable, lo cual requiere un acuerdo constitucional, una economía libre, competitiva y abierta, un Estado moderno y eficiente, que ponga énfasis en el crecimiento, en mejorar copernicanamente la calidad de la educación, e invertir más en ciencia y tecnología. Ahí tenemos, en consecuencia, una gran oportunidad, pero tenemos que ser capaces de transformarla en realidad.

Por lo demás, está la famosa trampa de los países de ingreso medio, que pierden el camino que los llevó al éxito porque creen que llegaron a la cumbre y quieren consumir como ricos cuando todavía no lo son y empiezan a compararse con indicadores de países que son mucho más ricos que ellos. No saben que para llegar ahí, para lograr el éxito, hay que trabajar. El diccionario es la única parte en que la palabra éxito está primero que la palabra trabajo. Pero es todo al revés: primero se trabaja y después viene el éxito. Por eso creo que no hay mejor política de desarrollo que el crecimiento integral, sustentable e inclusivo. No hay mejor política social que el pleno empleo. No hay mejor política de integración que una buena calidad de la educación para todos nuestros niños.

Estuvimos al borde de una crisis institucional, pero creo que la estamos superando y tengo mucha confianza en que la vamos a superar. Pero estamos inmersos en la mediocridad y el empantanamiento de un país que no crece y que no enfrenta sus verdaderos problemas ni aprovecha sus grandes oportunidades.

Una sociedad, además, no puede ser solamente de derechos. Tiene que ser una sociedad de derechos y de deberes, pero en Chile todos estamos muy conscientes de nuestros derechos y, a veces, no tanto de nuestros deberes. Por eso, el rol del mérito, del esfuerzo, que ha sido tan vilipendiado, es algo que tenemos que volver a poner como prioridad.

Además, está la importancia de la innovación y el emprendimiento. En Chile, nos gustan los emprendedores pero no nos gustan los empresarios. ¿Qué es ser un empresario? Normalmente es un emprendedor al que le fue bien. Pero a las Pymes le ponemos un techo diciéndoles que si usted pasa de aquí para arriba le caerán las penas del infierno, cuando lo que queremos hacer es todo lo contrario. Quisiéramos que todas las Pymes crezcan, pero hay toda una cultura en nuestro país que es una muralla, un freno, para aprovechar todo su potencial, recuperar su capacidad de crecer y lograr lo que todos queremos: ser un país en que podamos vivir en paz y donde todos podamos desarrollar nuestros talentos, cumplir nuestros proyectos de vida y lograr una vida más plena y feliz.

Destierro a la demagogia y al populismo

El último tema que hay que desterrar es que no podemos seguir con estos niveles de demagogia, populismo e irresponsabilidad. Lo vemos todos los días: alguien dice algo y aunque toda la comunidad y los expertos pueden estar diciendo lo contrario, simplemente se hace lo que dicen las redes sociales. Esa política en base a las redes sociales y a la encuesta del día no conduce a ninguna parte.

En síntesis, creo que tenemos enormes problemas, pero al mismo tiempo tenemos gigantescas oportunidades y espero que este proceso constitucional nos pueda volver a poner en el buen camino.

Todas las sociedades tienen que enfrentar y compatibilizar tres grandes objetivos: libertad, equidad y progreso, pero cuando ponemos uno solo de estos valores por encima de los otros dos, terminan destruyéndose los tres. Es lo que pasó, por ejemplo, en la Unión Soviética, que de tanto buscar la igualdad sacrificaron la libertad y el progreso. Por eso cayeron desde adentro, se derrumbó el imperio soviético por su propia mediocridad. Eso es lo que pasa a veces en Chile, porque creemos que hay un valor absoluto que es la igualdad y nos olvidamos del valor de la libertad y del valor del progreso. Por eso libertad, equidad y progreso es la ecuación que Chile tiene que volver a encontrar y espero que en esta nueva etapa que estamos viviendo tengamos la misma sabiduría que tuvo una generación de chilenos cuando recuperamos ejemplarmente nuestra democracia.

MARIANA AYLWIN O.
Presidenta Junta Directiva Universidad Gabriela Mistral, exministra de Educación y exdiputada de la República

No vamos a tener más productividad si no tenemos una población, un capital humano con mejor formación

La contundente exposición del presidente Sebastián Piñera nos muestra la tremenda complejidad de la sociedad, del mundo, del Chile de hoy, y también la enorme magnitud de los desafíos que tenemos por delante.

La primera pregunta que uno se hace es: ¿hacia dónde avanzarán las tendencias mundiales? Porque cuando el presidente Piñera hace un recuento de nuestra historia, se está refiriendo a un Chile integrado en el mundo globalizado, aún más que antes.

En los años 70 el golpe militar se dio en el marco de la Guerra Fría, la pugna de los socialismos reales versus el mundo capitalista, con gobiernos militares en otras naciones latinoamericanas. Luego, el proceso de democratización que vivió Chile desde fines de los 80 coincidió con la caída del muro de Berlín, con el fin del *apartheid* en Sudáfrica y el triunfo de la libertad por sobre los autoritarismos de distinto signo. Del mismo modo, la crisis que hemos vivido en los últimos años es coincidente con procesos de polarización política y deterioro de la democracia en diversas partes del mundo, como ha pasado en Estados Unidos o se manifestó con el Brexit en Gran Bretaña.

Por lo tanto, hay una dimensión global, que hoy se expresa en temas tan amplios como el calentamiento global y cambio climático, o el impacto de las nuevas tecnologías, pero no sabemos bien cómo se van a conducir estas tendencias ni cómo se va a conducir nuestro país para enfrentarlos. Lo que sí creo, y la exposición del presidente me deja más convencida, es que un país tiene mejores condiciones para enfrentar los desafíos y las tendencias de cada tiempo si tiene buenas instituciones, buenos liderazgos y capacidad de gestión. En definitiva, si su democracia tiene fortaleza. Y no cabe ninguna duda, que ello está relacionado con la calidad de la política. Si esta funciona adecuadamente, hay más posibilidades de enfrentar bien estos desafíos nuevos.

La importancia de la democracia

Me importa hablar de democracia, que es una palabra que integra dos conceptos: la necesidad de buenas instituciones y la necesidad de una convivencia basada en el respeto a los demás y al Estado de Derecho. La crisis que hemos vivido en los últimos años, y la que vivimos en los 70 del siglo anterior, tienen relación con el deterioro de las instituciones y de la convivencia democrática, lo que hace muy difícil responder a las demandas y problemas del momento. La calidad de la política está ligada a instituciones que favorezcan los acuerdos y obstaculicen prácticas populistas o demagógicas, castiguen la violencia y el incumplimiento del Estado de Derecho. Cuando ello no ocurre, las instituciones pierden su legitimidad democrática. En ese sentido, me parece que la calidad de la política va de la mano con un fortalecimiento de las convicciones democráticas y de valores como la responsabilidad, la participación y la conciencia de que los derechos también conllevan deberes.

La calidad de la educación

Lo anterior me lleva a una segunda reflexión, que tiene que ver con la importancia de la educación. La capacidad de resolver adecuadamente los desafíos futuros dependerá de la fortaleza de la democracia y la calidad de la política, sus instituciones, la gestión, los liderazgos y la capacidad de buscar acuerdos; y, en segundo lugar, de las decisiones que tomemos respecto de nuestra educación mirando hacia ese futuro.

Durante más de una década hemos estado sumidos en un debate sobre la propiedad de los establecimientos educativos, sobre la provisión de educación y el financiamiento público. Esta discusión se ha centrado en una dicotomía entre educación privada y educación pública, desde una mirada ideológica y divisoria, sin lograr avanzar en temas sustantivos. Entre el 2008 y el 2018 solo hemos discutido cambios estructurales, y nada sobre aprendizajes, valores o formación de las personas.

La educación es fundamental para estar preparados para asumir retos del desarrollo económico; no vamos a tener más productividad si no tenemos una población, un capital humano, con mejor formación. También tiene que ver con la honestidad, el esfuerzo, con valores que tengan como fin superar este individualismo tan fuerte que nos lleva a pensar que la educación es un instrumento para un proyecto personal, al cual muchos jóvenes no están invitados. Hoy día la deserción es un problema mayor, porque los jóvenes están más expuestos a desviar sus proyectos personales hacia el narcotráfico o la delincuencia, que son industrias muy lucrativas y que ya están cortando las alas a un porcentaje importante de ellos, más aún cuando desde el discurso público se les dice que el esfuerzo no importa, o que la violencia es consecuencia de la pobreza aumentando las razones para legitimarla.

En educación, es necesario asumir con urgencia una política basada en impulsar mejoras en los aprendizajes, con prioridad en la primera infancia, apoyando proyectos de formación integral y también ampliando oportunidades de educación a lo largo de la vida. Otro foco debe ser integrar creativamente a los jóvenes que están al margen del sistema educacional o con aprendizajes muy descendidos, que después de la pandemia han crecido significativamente. Y, cuando me refiero a apoyar proyectos personales integrales, hablo de que en Chile necesitamos revitalizar una cultura que valore la educación, el esfuerzo, la honestidad, la responsabilidad, el respeto y la convivencia con los demás.

Trabas al desarrollo

Finalmente, me hago la pregunta de cómo poder explicar a la ciudadanía que, en gran medida, los problemas que la gente tiene y que causan molestia con la política, con el país y con los demás, son consecuencia de que Chile está estancado en su desarrollo político y económico por la incapacidad de resolver problemas largamente postergados, como los de salud, previsión y educación.

Este entrampamiento se debe al deterioro de la calidad de la política y el déficit en las instituciones y a un Estado obsoleto y cooptado por grupos de interés. Me cuesta entender que se haga una reforma tributaria y entre los gastos que se comprometen no aparezca un compromiso con la educación inicial y, sin embargo, se prometa pagar una deuda histórica que es acotada a un grupo muy minoritario de docentes, que puede haber sufrido una injusticia, pero que no se compara con la injusticia de cientos o miles de niños que no podrán desarrollar sus competencias en los primeros años de la vida, lo cual tiene un impacto en el desarrollo de toda la sociedad. Tenemos que ser capaces de explicar que democracia, equidad y desarrollo económico sustentable van de la mano.

VIVIANNE BLANLOT S.
Directora de empresas, exvicepresidenta de ICARE y exministra de Defensa

Estamos en un serio riesgo y el esfuerzo que hay que hacer para que podamos responder a los desafíos es mayor que nunca en este momento

Estuve pensando cómo veía a Chile en los próximos 30 años y, siendo una persona profundamente optimista, porque siempre creo que hay solución a todo, últimamente me siento bastante pesimista.

Obviamente, el análisis lo tenemos que hacer desde nuestras oportunidades y riesgos. Las oportunidades son bastante claras: como país tenemos un gran stock de talento, un grupo de gente de alta sofisticación en la educación con capacidades para idear políticas y para ponerlas en marcha, y eso ha sido demostrado en el tiempo. Cuando recuperamos la democracia tuvimos, al menos hasta el 2015, una secuencia de reformas que tenían metas muy claras, que tenían que ver con desarrollo sustentable y desarrollo social, y que se plasmaron en una serie de políticas que perduraron más allá de cada gobierno y lograron resultados que se grafican perfectamente en nuestros indicadores de desarrollo humano.

El problema son los riesgos que enfrentamos. Las tres próximas décadas vamos a tener que transitar en la incertidumbre, básicamente porque a nivel global existe incertidumbre sobre absolutamente todo: en lo geopolítico, político, económico y en la salud. Es decir, lo único que podemos esperar con certeza es que van a haber cambios continuos y que Chile va a tener que adaptarse a ellos. Por lo tanto, si hay algo que deberíamos rescatar es nuestra capacidad de adaptarnos y de idear soluciones a problemas nuevos.

¿Cuáles son los mayores riesgos? El cambio climático es uno de ellos. Hemos visto a Chile muy focalizado en reducir nuestras emisiones de gases con efecto invernadero, a pesar de que si las redujéramos en un 100% no resolveríamos en nada el calentamiento global. Sin embargo, no veo en la discusión pública las grandes políticas de adaptación al cambio climático, que significa esencialmente cómo vamos a sobrevivir nosotros a los impactos de ese cambio en Chile. Un buen ejemplo es el déficit hídrico: no existe hoy día una política de Estado, una estrategia de largo plazo, a pesar de que ya lo vivimos desde hace diez años muy marcadamente.

Innovación y educación

Por otra parte, el cambio climático va a afectar nuestra capacidad productiva, por ejemplo, en la agroindustria. La gran apuesta de la industria chilena tiene que estar en la innovación y en el cambio tecnológico para poder justamente adaptarse a los cambios climáticos, entre otras cosas. También ayudaría a resolver nuestro problema hídrico.

Pero, hay que reconocer que la gran industria, sobre todo la exportadora, tiene una gran capacidad para acoger innovación, incluso para generarla. Pero existe una gran masa de empresas medianas y pequeñas que viven en otro siglo y no tienen las mismas capacidades, por lo que tenemos la posibilidad que una parte del aparato productivo se quede atrás y pierda la pelea.

Un tercer factor es el de la educación. No estamos formando gente que pueda tener realmente oportunidades laborales una vez que terminen de educarse. Llevamos más de 30 años hablando de mejorar la calidad de la educación y los avances han sido discretos. Estuve en una reunión con ejecutivos y directores de grandes empresas y la conversación fue: qué nos falta en términos de capacidades laborales, qué le debemos pedir a la educación. Me sorprendí mucho porque todos, excepto yo, dijeron que lo que nos faltan son los valores hacia el trabajo, el respeto por los demás, la capacidad de trabajar en equipo y el amor por el trabajo. Es decir, características que no van con las capacidades técnicas y viniendo eso de quiénes emplean, ¡es muy decidor!

La fallida modernización del Estado

Por último, entre nuestras amenazas está nuestro Estado: está obsoleto. Durante estos 30 años se hicieron esfuerzos por transformar y crear nuevas organizaciones e instituciones del Estado modernas y se logró. Hay una serie de ejemplos, aunque los más emblemáticos serían el Registro Civil, el Servicio de Impuestos Internos, la creación del Consejo para la Transparencia con una lógica diferente y el programa de concesiones. Se hicieron esfuerzos para insertar dentro de nuestro Estado, totalmente tradicional y anquilosado, algunos focos de modernización que han sido exitosos, pero ahí nos quedamos.

En todos los gobiernos que estuve había una Comisión de Modernización del Estado. Bien poco logramos, excepto estas experiencias aisladas, pero que demuestran que se puede y que lo que nos ha faltado es voluntad política, porque el mismo Estado se resiste a ser modernizado.

En los últimos años hemos visto un país que se está pasmando, a mi juicio, por distintos factores, pero hay un par que son fundamentales: uno es la ineficiencia del Estado y, el segundo, que está relacionado con esto, es la baja calidad de la política. Es decir, no vamos a tener un mejor Estado si no mejora la calidad de la política, si no se piensa a largo plazo. El Estado y la política se comenzaron a deteriorar cuando, a partir de cierto momento, los cargos se transformaron en un botín, algo que no ha sido natural en nuestro desarrollo. Se perdió toda mística que era llegar a servir y nos fuimos a la filosofía del botín.

Tenemos que meternos en la cabeza que necesitamos tener estrategias claras para adaptarnos a lo que viene en el futuro, que necesitamos acoger la tecnología y que necesitamos a un Estado que proteja a la sociedad y a los recursos naturales de los excesos, a veces, de la actividad económica, pero que lo haga eficazmente, no imponiendo un tributo a toda la actividad económica. Si lográramos dejar que el talento nuevamente florezca, que vuelvan al Estado las personas que tenían creatividad y mística, vamos a poder resolver los demás problemas. Estamos en un serio riesgo y el esfuerzo que hay que hacer para que realmente podamos responder a los desafíos es mayor en este momento.

Liderazgos en deuda

Durante una gran cantidad de años, o al menos un par de décadas, tuvimos liderazgos sabios que lograron impulsar políticas sólidas en distintos ámbitos sociales, económicos e institucionales. Ese fue el éxito a partir del cual Chile pudo aprovechar muchas oportunidades. Creo que los liderazgos se han debilitado, los que hay no son sabios y muchas veces no son ni siquiera representativos de las mayorías. Y, por lo tanto, creo que no vamos a lograr de un día para otro mejorar la política ni modernizar el Estado.

Pero si grupos suficientemente fuertes, intelectual y emocionalmente, son capaces de juntarse y pensar en conjunto sobre tareas indispensables a futuro, creo que se puede crear un liderazgo de ideas.

SEBASTIÁN CLARO E.
Profesor Universidad de los Andes, exvicepresidente y exconsejero del Banco Central de Chile

La globalización como la entendemos va de bajada en los próximos 30 años y eso es un tremendo desafío para la política exterior chilena

El primer tema que quiero desarrollar es la globalización. Cuando uno mira para atrás, parte del éxito de Chile estuvo en un proceso de apertura muy significativo que tuvo un componente unilateral y luego uno bilateral, todo en un contexto de globalización creciente. Esos temas van a ser distintos en los próximos 30 años.

El aspecto unilateral será distinto, en el sentido de que uno podría pensar que buena parte de la capacidad de apertura de Chile ya está lograda y, por lo tanto, la pregunta es si hay algo más que se puede hacer. Creo que la respuesta es sí, porque cuando el precio de un producto promedio se vende en el mercado de Rotterdam a tres o cuatro veces el costo de producción, hay un tremendo valor en la cadena. Eso significa acercar a Chile, no geográficamente, al centro del mundo, pero sí en términos de infraestructura logística, tecnología y la eficacia en los procesos de intercambio.

Pero, quizás, más importante es el cambio en el contexto global. Lo que fue un proceso de apertura y globalización muy grande, viene de vuelta por un montón de razones. Inevitablemente, el mundo va hacia dos polos: un polo occidental y un polo centrado en China, que compiten. Esto nos exige un tremendo desafío que es como un movimiento de piernas al cual no estamos acostumbrados, tenemos que estar bien con los dos polos, los que inevitablemente nos impulsan a elegir. Por lo tanto, creo que la diplomacia chilena, el esfuerzo político, tiene que evitar caer en la trampa de tener que elegir con quién estamos bien y eso es un esfuerzo diplomático, comercial, de inversión muy importante. Si hay un ejemplo que puede ilustrar toda esta discusión, hay que ver lo que ha pasado en Australia en los últimos años. La globalización como la entendemos va de bajada en los próximos 30 años y eso es un tremendo desafío respecto de la política comercial exterior chilena.

Menor crecimiento e inestabilidad

El segundo tema relevante para los próximos 50 años es la estabilidad. La estabilidad macro y política son una condición necesaria; no suficiente pero necesaria para el progreso. Chile se caracterizó por construir un marco que le dio estabilidad, pero que se ha ido debilitando en algunos casos dramáticamente, y en otros no tanto. La situación fiscal es más apretada de la que tuvimos hace algunas décadas y necesariamente para un país en desarrollo esta es una condición importante para la estabilidad. Parte de nuestra inestabilidad ha venido por una tensión política-social, y creo que una de sus causas, no me atrevería a decir que es la única, es que esta economía perdió la capacidad de crecer y con los niveles de crecimiento actuales es bastante difícil pensar que la inestabilidad va a ser dejada de lado. Con una economía creciendo en términos per cápita entre 1% y 1,5%, solo se pueden anticipar fuentes de frustración. Entonces, me parece que, si la economía se estanca, eso no es solo es un freno directo al desarrollo por razones obvias, sino que también es una fuente de inestabilidad. Este es un gran desafío.

Hay que considerar que en un mundo donde la política se ha puesto muy compleja, donde los extremos parecen tomar mucha más fuerza en términos políticos, la falta de crecimiento tensiona mucho a la sociedad y me parece que puede tender a llevarla mucho más fácilmente a extremos en busca de "soluciones". Con ese argumento, la exigencia de volver a dinamizar la economía es fundamental. Si uno mira la tasa de crecimiento de Corea, se parece bastante a la de Chile; el problema es que somos un 40% más pobres que ellos, y para lograr converger con Corea en unos 20 años, necesitamos cerca de un 1% de crecimiento adicional al año. Cuando uno mira las proyecciones de crecimiento per cápita del FMI, nosotros estamos entre 0,8% y 1% más abajo dado nuestro nivel de ingreso per cápita. Ahí hay un tremendo riesgo de que la inestabilidad y las tensiones sociales que hemos vivido en los últimos años se perpetúen más allá de la coyuntura de corto plazo si el país no es capaz de otorgar las oportunidades que la gente espera.

Equidad a través del gasto, no de impuestos

Tercer punto: impuestos. Hay una discusión no solo en Chile, sino en el mundo, y aquí enfrentamos una tensión importante. La discusión uno la podría poner en una dimensión de eficiencia y en otra de equidad. La que ha ido ganando crecientemente es la dimensión de equidad, en el sentido de cargar más la renta del capital físico, financiero y humano. El problema es que el mundo es muy distinto que hace 40 años. Los salarios de los egresados de esta universidad se fijan en Miami, ese es el costo de oportunidad. Y el retorno del capital se fija en Nueva York, en Frankfurt o en Hong Kong. Entonces, si el esfuerzo impositivo se da sobre esos factores, cuya oferta es más elástica, entonces simplemente se van.

El argumento de la eficiencia nos lleva inevitablemente a privilegiar los impuestos sobre aquellos factores cuya oferta es más inelástica, que no se pueden mover tanto, y eso aparentemente compite con la discusión sobre la equidad. Si nos enganchamos con una discusión impositiva que sacrifica en exceso las lógicas de eficiencia, vamos a terminar sacrificando en extremo la capacidad de crecimiento.

El esfuerzo de equidad, que es fundamental en el país, no tiene que hacerse tanto a través de impuestos, sino que mucho más a través del gasto público. Si lo hacemos a través de impuesto, el sacrificio en términos de dinamismo en la economía puede terminar siendo muy significativo.

Acuerdo amplio por la educación

Hay pocos golpes transitorios con efectos tan persistentes como el de la pandemia en la educación. El impacto negativo sobre el aprendizaje en los niños está siendo impresionante y no solo en los niños, sino que también en los jóvenes universitarios. Hay una generación que puede perder muchísimo de manera permanente. Si el país en el último tiempo se ha permitido poner un paréntesis en la discusión constitucional para tratar de buscar un acuerdo en eso, qué tal si se discute un acuerdo amplio, fuera de la discusión política, para generar un shock que ponga a todos los jóvenes y niños en una senda de educación y de conocimientos básicos, que implique recursos, incluso escuelas de verano. Es tan grave lo que se está viviendo que no nos damos cuenta de que estos 30 años próximos pueden estar hipotecados con una generación que en la práctica pasó dos años no aprendiendo nada. Aquí hay un desafío gigantesco.

Termino recordando la última entrevista que le hicieron a Milton Friedman. Le preguntaron: ¿cuál es el desafío más grande que enfrenta la economía norteamericana en los próximos 50 años? Silencio absoluto en la sala, todos pensaron que iba a hablar de China o del cambio tecnológico. Su respuesta fue: "*teacher's unions*".

AGRADECIMIENTOS

Este libro no habría sido posible sin el aporte de muchos.

En primer lugar, agradezco muy especialmente a los presidentes Eduardo Frei, Ricardo Lagos, Michelle Bachelet y Sebastian Piñera, quienes accedieron generosamente a esta invitación de Clapes UC a pensar en el Chile del 2050.

En mi querida Alma Mater, la Pontificia Universidad Católica de Chile, quiero agradecer en forma especial al rector, Ignacio Sanchez, quien apoyó entusiastamente este proyecto desde sus inicios.

Agradezco también a Ediciones UC, especialmente a su directora, María Angélica Zegers, por su inestimable apoyo en que nuestro manuscrito se transformara en este libro.

Durante el trabajo del manuscrito, agradezco muy especialmente a Marta Sánchez por su gran apoyo en la recopilación y edición de este libro.

En la organización del ciclo de seminarios presidenciales de Clapes UC, agradezco el eficiente trabajo de Camila Miranda, Karin Moore y Maritxu Sangroniz.

Finalmente, agradezco los valiosos comentarios de Carmen Cifuentes, Hermann González y Roberto Sapag al primer capítulo del libro, que me correspondió escribir. Roberto también aportó en la edición general del manuscrito.

Felipe Larraín B.
Abril de 2024

www.ingramcontent.com/pod-product-compliance
Lightning Source LLC
LaVergne TN
LVHW010359160826
845677LV00005BA/1318

* 9 7 8 9 5 6 1 4 3 2 6 2 8 *